BIBLIOTHÈQUE DES ÉCOLES ET DES FAMILLES

HISTOIRE
DE
L'ARMÉE FRANÇAISE

PAR

PAUL LEHUGEUR

Professeur agrégé d'histoire au lycée Henri IV

SEPTIÈME ÉDITION

PARIS
LIBRAIRIE HACHETTE ET Cie
79, BOULEVARD SAINT-GERMAIN, 79
1906
Droits de traduction et de reproduction réservés.

COULOMMIERS
Imprimerie PAUL BRODARD.

HISTOIRE
DE
L'ARMÉE FRANÇAISE

AVANT-PROPOS

Le petit livre que je présente aujourd'hui aux *Écoles* et aux *Familles* est le résumé des leçons que j'ai faites en 1879 à l'École supérieure des sciences et des lettres de la ville d'Angers. Je l'ai intitulé *Histoire de l'Armée française*, par la nécessité de choisir un titre court et clair. Deux cents pages sont peu pour un objet si vaste : aussi me suis-je contenté d'en esquisser à grands traits les aspects principaux. Je ne m'attarde pas au récit des batailles et des sièges, à la description des armes et des uniformes, à la biographie des grands hommes de guerre. Mon but est de montrer qu'à tout changement dans l'état social et politique correspond un changement dans l'armée. Ses nombreuses métamorphoses, les plus anciennes comme les plus récentes, nous offrent un enseignement : c'est la force des institutions qui fait la force de l'armée. Le courage personnel ne suffit pas; c'est la discipline sociale qui soutient la vigueur morale et matérielle d'un peuple; c'est elle qui assure au pays son rang et qui lui donne la victoire sur les champs de bataille. Astreint par la méthode historique à un examen froid et impartial des faits, je me suis mis en garde contre les idées toutes faites, les théories préconçues, les émotions puériles, la convention, la légende et la fantaisie. L'histoire de France est assez belle pour se passer d'être embellie. Rien de considérable ne s'est fait en Europe que la France n'y ait mis la main ; elle a combattu pour les plus nobles causes : un poète a pu l'appeler le soldat de Dieu. Étudier les institutions militaires de notre pays, c'est apprendre à le connaître : c'est aussi apprendre à l'aimer.

PAUL LEHUGEUR.

HISTOIRE

DE

L'ARMÉE FRANÇAISE

ÉPOQUE GAULOISE

On sait que la Gaule, avant César, ne forma jamais une nation[1] : elle était divisée en trois régions, l'Aquitaine, la Celtique et la Belgique ; dans chacune d'elles vivait non pas une nation, mais une race ayant sa langue, ses mœurs, ses coutumes. Chaque race comprenait un grand nombre d'États distincts, souverains et indépendants : on en compte soixante pour la Gaule entière, depuis les Pyrénées jusqu'au Rhin. Ils n'étaient unis entre eux ni par un lien fédéral, ni par une autorité supérieure, ni par l'idée nette d'une patrie commune; ils n'avaient de commun que la religion. Ennemis les uns des autres, ils se faisaient des guerres acharnées : le peuple vainqueur exerçait une sorte de suprématie sur les vaincus jusqu'au jour où il se la voyait enlever par un plus fort.

Chacun de ces États était lui-même divisé : la Gaule manquait d'unité sociale comme d'unité politique; la société n'avait rien de démocratique : dans les champs, des esclaves innombrables, des hommes attachés au sol et des *clients*;

---

[1]. Voy. *Histoire des Institutions politiques de l'ancienne France*, par Fustel de Coulanges.

au-dessus d'eux, sans intermédiaires, les nobles, maîtres de la terre, et les druides, maîtres des âmes. Dans les villes, peu peuplées, des esclaves, quelque populace, et des riches tout-puissants. Les petits propriétaires manquaient aux champs, les travailleurs libres manquaient aux villes. Quelquefois la multitude, troupeau misérable, trouvait un conducteur: elle se déchaînait contre les classes supérieures et instituait une monarchie populaire; mais le plus souvent l'aristocratie était la plus forte et se vengeait de la violence par la violence. L'énergie des Gaulois semble s'être perdue dans les stériles agitations de la guerre civile.

La Gaule, n'étant pas une nation, n'avait pas d'armée nationale : autant d'États, autant d'armées. Certains peuples pouvaient armer 50000 soldats et peut-être davantage; d'après César, les Bellovaques auraient pu mettre sur pied 100000 hommes, les Nerviens 50000. Les contingents de tous les États réunis eussent formé une masse formidable; mais les Gaulois ne s'élevaient pas à la notion précise de l'unité : leur patriotisme n'était que l'amour du petit État où ils étaient nés. Il y avait des armées gauloises, mais l'armée gauloise n'existait pas.

Chacune de ces armées se ressentait de l'anarchie de l'État. Tout grand propriétaire, tout riche, disposait d'un certain nombre d'hommes attachés à sa personne à la vie et à la mort : les faibles se donnaient à lui pour obtenir sa protection, les pauvres lui vendaient leur liberté pour payer leurs dettes. « Celui-là est le plus grand parmi les Gaulois, dit Polybe, qui compte le plus de serviteurs et de guerriers à sa suite. » « Ils se font sans cesse la guerre, dit César, et chacun d'eux s'entoure d'une troupe de suivants et de clients dont le nombre s'accroît avec la richesse. » Tel est Orgétorix, noble Helvète qui marche à la tête de ses 10000 serviteurs; tels sont Dumnorix, Indutiomar, Luctérius, Vercingétorix enfin, dont la maison fournit une armée. Ces bandes guerrières obéissaient à leur chef et non à l'État, servaient l'ambition d'un homme et non l'intérêt du pays. C'était avec elles que les nobles vidaient leurs querelles privées, avec elles qu'ils renversaient le gouvernement légal. Si les uns vivaient en bonne intelligence avec le sénat, composé de nobles comme eux, d'autres, enivrés d'ambition, convoitaient le pouvoir suprême et se faisaient rois à l'aide de leur bande. Tout entières à ces luttes mesquines, de pareilles armées ne pouvaient avoir de haines communes ; chaque parti cherchait des alliés : l'aristocratie s'appuyait sur Rome, la démocratie sur les Germains ; les Gaulois avaient des armées pour la guerre civile, ils n'en avaient pas contre l'étranger.

L'état social et politique influe sur l'armement même : la Gaule morcelée n'avait pas de grandes fabriques d'armes comme l'Italie ; pauvre, elle manquait de ressources militaires. Son armement, en retard sur sa civilisation, était des plus imparfaits. Dans les temps reculés, nos pères se présentaient nus à l'ennemi, comme des sauvages ; leurs épées étaient vite émoussées et faussées comme des jouets de fer blanc, et ils étaient réduits à les redresser avec le pied, opération malaisée sur le champ de bataille ; ils avaient pour auxiliaires des chiens énormes dressés pour la guerre ; ces étranges combattants firent leur dernière charge en l'année 121 avant J.-C. ; ils disparurent, soit que les mœurs se fussent adoucies, soit que leur ardeur, mal dirigée, commît trop souvent des méprises. A l'époque de César les Gaulois étaient sortis de l'enfance, mais leur éducation restait à faire. Imprudents et fanfarons, ils méprisaient les armes défensives : leurs boucliers étaient sans consistance : couverts d'ornements et d'emblèmes, ils leur servaient surtout à se distinguer les uns des autres. Leurs cuirasses ornées d'or et d'argent semblent avoir été moins des armures que des insignes de commandement, et leurs casques surmontés de cornes, plutôt une parure qu'une défense. L'arme gauloise était l'épée, l'arme chevaleresque : celle des fantassins, généralement de bronze, mesurait deux pieds environ; les cavaliers portaient une grande épée de fer à deux mains : fantassins et cavaliers suspendaient leur épée à droite, ce qui nous permet de supposer qu'ils s'en servaient de la main gauche. Leur main droite était armée tantôt d'une petite lance, tantôt d'un javelot sans courroie. La fronde et l'arc ne leur étaient pas inconnus, mais ils ne paraissent guère en avoir fait usage avant d'avoir été instruits par la défaite. Sans doute ils trouvaient peu glorieux de combattre de loin : ils ne comprenaient que la lutte corps à corps, le duel à l'épée.

La cavalerie ne semble pas avoir été très nombreuse : il n'y a de cavalerie que chez les peuples nomades qui vivent à cheval ou dans les États fortement organisés qui entretiennent des armées permanentes. On peut lever des légions de fantassins : il est plus difficile de former des escadrons, de réunir des chevaux dressés et des cavaliers. Les nobles gaulois possédaient des montures superbes et du plus haut prix; quelques-uns avaient des hommes à cheval, mais plusieurs peuples, les Nerviens par exemple, ne connaissaient que l'infanterie.

Le char de guerre était encore en usage chez certains peuples : on en a retrouvé des débris à Alaise. C'était un char léger, à deux roues et attelé de deux chevaux; il portait un cocher et un combattant; les chevaux s'élançaient au galop : le soldat de char lançait des traits ou bien brandissait une longue lance de forme particulière ; le fer de cette lance, plus long qu'une épée, n'était pas droit, mais divisé en deux branches, l'une droite et l'autre recourbée, de manière à déchirer affreusement les blessures. Quand le char avait traversé les rangs ennemis, l'*essédaire* mettait pied à terre et combattait avec l'épée. Les chars servaient surtout à effrayer les chevaux et à poursuivre les fuyards; les Bretons excellaient dans ce genre de combat.

VERCINGÉTORIX DEVANT CÉSAR.

Les Gaulois, dédaigneux de la cuirasse pour eux-mêmes, entouraient leurs villes de fortifications solides : leurs murailles étaient formées de pierres et de poutres enchevêtrées ; l'incendie ne pouvait les détruire, ni les machines y faire brèche. Les enceintes fortifiées étaient ordinairement d'une grande étendue, et les populations des campagnes, en cas de péril, y trouvaient asile avec leurs bestiaux. Les alertes étaient fréquentes : il suffisait que deux États fussent voisins pour qu'ils se fissent le plus de mal possible ; une attaque était toujours à craindre, il fallait de bons murs pour défier les surprises. C'est ainsi que le morcellement du pays avait pour avantage de hérisser le sol de forteresses ; mais les forteresses gauloises, comme les armées gauloises, se faisaient échec les unes aux autres : les Gaulois usaient toutes leurs forces à s'entre-détruire.

Une seule fois ils s'unirent, mais trop tard. César avait profité de leurs divisions pour s'emparer de leur pays ; quand ils se sentirent conquis, ils s'aperçurent de leur aveuglement. Les partis s'apaisèrent : la Gaule devint en un jour une nation et se souleva. Vercingétorix, qui s'était fait proclamer roi des Arvernes, se fit accepter comme dictateur suprême par presque tous les peuples et constitua une grande monarchie démocratique. La résistance fut organisée avec activité ; chaque État reçut l'ordre de fournir un contingent fixé : les petits, comme les Lexoviens et les Atrebates, devaient 3000 ou 4000 hommes ; les grands, comme les Arvernes, en devaient jusqu'à 35000. Ces levées faisaient un total de 248000 hommes. Mais ce n'est pas le nombre qui fait la principale force d'une armée. César, qui n'aime pas ces masses populaires, les dépeint avec dureté comme un ramas de pillards, de vagabonds, de gens sans aveu ; ce qui est certain, c'est qu'elles manquaient d'organisation et de discipline. La cavalerie ne comptait que 8000 hommes ; l'infanterie, nombreuse mais sans cohésion, n'était qu'une foule confuse ; les recrues apportaient dans l'armée leurs anciennes divisions et leurs habitudes invétérées de désordre; les ennemis de la démocratie n'acceptaient qu'à regret le dictateur populaire, et beaucoup n'obéissaient que par force; en vain l'on prodiguait les supplices : ils ne faisaient qu'enflammer les haines; l'autre parti, moins maniable encore, se défiait de ses chefs et les accusait de trahison. « S'ils avaient été vaincus, disait-on, c'est qu'ils s'entendaient avec César. » Vercingétorix était réduit à expliquer sa conduite, à discuter, à se défendre. Une armée si peu disciplinée était vaincue d'avance; les Gaulois montrèrent l'ardeur bouillante de leur sang, mais la bravoure personnelle ne peut rien sans l'union. De tous les grands peuples qui furent en guerre avec Rome, aucun ne fut plus vite soumis que les Gaulois : unis, ils eussent été invincibles; divisés, ils étaient condamnés à la défaite. Ils ne manquèrent jamais de courage; ils succombèrent faute d'institutions solides et de discipline sociale.

ÉPOQUE GALLO-ROMAINE

La Gaule n'a pas seulement été vaincue, elle a été conquise par les Romains. L'occupation n'est pas la vraie conquête[1] : la Pologne est occupée par les Russes, l'Alsace est occupée par les Allemands ; ce sont des prisonnières qui frémissent dans la captivité ; leur passé leur tient au cœur, elles ne reconnaissent pas la loi de la force ; elles ne consentent pas à leur sort : elles ne sont pas conquises.

Les Gaulois, loin de haïr Rome comme une ennemie, abdiquèrent leur nationalité et devinrent les Gallo-Romains, c'est-à-dire des Romains. Seule la race resta la même : il vint peu d'Italiens en Gaule et le sang ne se mélangea pas ; les Gaulois conservèrent tout ce qui tient au sang, ils prirent à Rome tout le reste.

Cette métamorphose fut l'effet de la volonté des Gaulois eux-mêmes et non l'œuvre de la force : on se tromperait beaucoup si on se les figurait maltraités, opprimés, écrasés, tremblants sous le joug, impatients de briser leurs chaînes. Ils furent les élèves, et non les esclaves des Romains. Séduits par la civilisation romaine, ils abandonnèrent leur religion, leur langue, leurs mœurs : le druidisme tomba et fit place aux dieux de Rome ; la langue gauloise fut oubliée, et tout le monde

[1] Voy. Desjardins, *la Gaule romaine*, t. II.

parla le latin ; les coutumes barbares se perdirent, et l'on adopta les usages et jusqu'aux goûts des Romains.

La transformation politique fut aussi complète que la transformation intellectuelle: l'indépendance avait été l'anarchie, la Gaule romaine fut unie et calme; la paix se fit dans l'État entre les partis rivaux, dans la Gaule entre les États ennemis. La domination romaine remplaça les dictatures personnelles et les suprématies locales ; elle devint le ciment de chaque peuple et de tous les peuples entre eux; les pensées s'élargi-

ARMES ROMAINES.

rent, les sentiments s'élevèrent : la Gaule fut une nation, une patrie; Rome avait commencé par s'assimiler l'Italie : elle poursuivait son œuvre et absorbait le monde.

Les Gaulois conquis furent d'abord sujets de Rome, mais ils ne tardèrent pas à devenir membres de l'empire. Ils ne cherchèrent pas une seule fois à s'affranchir : les révoltes impuissantes de Julius Forus et de Sacrovir, les mouvements peu redoutables des Andécaves et des druides ne furent pas des insurrections nationales. Vindex ne chercha qu'à changer l'empereur, et le Batave Civilis, loin d'être regardé comme un libérateur, fut combattu comme un ennemi. Plus d'une fois la Gaule eut l'occasion de se détacher de Rome : elle n'en profita pas; elle comparait sa prospérité présente à sa misère passée, et elle préférait la paix de l'empire romain aux troubles de l'indépendance; sa fidélité ne fut jamais ébranlée, et dans les crises que traversa l'empire elle ne démentit pas son attachement. C'est qu'elle ne distinguait plus ses intérêts de ceux du grand corps dont elle était membre : elle partageait l'empire avec Rome, elle était romaine de cœur comme d'esprit, son patriotisme consistait à aimer Rome.

Cette vie commune dura cinq siècles et ne fut brisée que par les barbares. Durant cette longue période, la Gaule romaine n'a pas d'autre histoire que l'empire romain : elle se transforme avec lui et traverse les mêmes crises. Ses institutions militaires, comme toutes les autres, sont celles de Rome même; la Gaule n'a pas plus d'armée à elle que de gouvernement indépendant : elle fournit des soldats à l'empire, comme chacun de nos départements donne ses enfants à la France.

Ce serait une grave erreur de s'imaginer les Gaulois désarmés et tenus en respect par des troupes nombreuses. Varsovie est gardée par une armée russe; Strasbourg et Metz sont deux casernes allemandes : la Gaule ne subissait ni geôliers ni bourreaux; pas une légion en Aquitaine, pas une en Lyonnaise, pas une en Belgique: « La Gaule entière, dit l'historien Josèphe, la Gaule entière, qui n'est pourtant ni amollie ni dégénérée, obéit volontairement à 1200 soldats romains. » — La Prusse serait fort aise, certainement, de s'assurer à si peu de frais l'obéissance de l'Alsace, dont la superficie n'égale pas la centième partie de la Gaule d'alors. C'est que sans doute la Gaule était conquise, et que l'Alsace ne l'est pas [1].

La police de la Gaule était faite par des Gaulois: nos tirailleurs algériens sont encadrés par des Français, les cipayes de l'Inde par des Anglais; les milices gauloises étaient commandées par des Gaulois. Quelquefois des ambitieux tentèrent leur fidélité, mais ils furent impuissants à les corrompre : pas

---

[1]. Desjardins, *la Gaule romaine*, t. II.

un soldat gaulois ne suivit ni Florus, ni Sacrovir, ni Vindex, ni Civilis, et ce furent des soldats gaulois qui réprimèrent ces vaines révoltes, exterminèrent les druides et poursuivirent à outrance tous les ennemis de Rome. Les décurions, qui formaient la curie, conseil dirigeant de la cité, avaient le droit d'ordonner l'armement de la population, et les duumvirs, qui présidaient la curie, exerçaient en ce cas le commandement : décurions et duumvirs étaient des Gaulois élus par la cité, et non des fonctionnaires imposés par Rome.

Les provinces romaines étaient divisées en provinces armées et en provinces non armées : la Gaule, qui comprenait dix-sept provinces, ne compta jusqu'au IV° siècle que deux provinces armées, la première et la deuxième germanique. Cologne et Mayence possédèrent des légions avec des cohortes auxiliaires et de la cavalerie; mais ces garnisons étaient destinées à défendre le pays et non à le contenir; elles montaient la garde le long du Rhin pour empêcher les Germains de passer : on se souvenait d'Arioviste, l'ennemi commun; les Romains étaient les protecteurs de la Gaule, et non ses tyrans.

Rome n'était pas moins gardée par les Gaulois que la Gaule par les Romains : Gaulois et Romains étaient confondus dans les armées; ils servaient côte à côte et défendaient la patrie commune, l'Empire. On ne saurait comparer les Gaulois des armées romaines aux Suisses de l'ancien régime : c'étaient non des mercenaires à la solde d'une nation étrangère, mais des défenseurs naturels de l'Empire, comme les Bretons, les Bourguignons, les Francs-Comtois sont des soldats de la France; pour les Romains d'Italie ils étaient des frères, pour l'ennemi ils étaient Romains.

Ils fournissaient non seulement des soldats, mais des officiers de tout grade. Tacite parle de centurions et de tribuns nés en Gaule; les Gaulois Asiaticus, Classicus commandaient de grandes armées romaines, et l'on connaît un Carnute qui devint consul. Un Romain que Tacite fait parler dit avec raison aux Gaulois: « Vous partagez l'empire avec nous, c'est vous souvent qui administrez nos provinces: entre vous et nous il n'y a aucune distance, aucune barrière. »

Rome fit l'éducation militaire de la Gaule comme son éducation politique. C'était l'absence d'institutions fixes qui avait fait la faiblesse des bandes de la Gaule indépendante: la discipline sociale de Rome fit la force des soldats de la Gaule romaine. Le peuple romain savait commander et obéir; il ne concevait pas qu'on pût discuter la volonté de l'homme qui représentait l'État: cet esprit devint celui de la Gaule. Les chefs ne furent plus réduits à expliquer leurs actes à leurs soldats, la discipline fut inflexible; tout se fit à la romaine, les levées d'hommes, les marches, les campements, la tactique, le combat. Cette éducation fit des Gaulois des soldats invincibles, car ils conservaient cette qualité nationale que la discipline n'exclut pas: l'élan. « Ils font tous, dit Strabon, d'excellents soldats, et c'est d'eux que les Romains tirent leur meilleure cavalerie. » L'humeur guerrière de nos pères continuait à s'exercer; mais, au lieu de s'entre-détruire, ils versaient glorieusement leur sang pour l'Empire; ils ne marchandaient pas leurs services; ils étaient de toutes les batailles: on les trouve sur le Rhin, sur le Danube, en Asie, en Afrique, partout. Jusque dans les derniers temps de l'Empire la Gaule lui reste fidèle. Durant cinq siècles nos pères se sont battus pour Rome, et tout l'ancien monde est couvert de leurs ossements.

Cette longue période si pleine de faits se divise en plusieurs parties bien distinctes: l'humanité ne reste jamais stationnaire, et Théodose est aussi loin d'Auguste que Louis XIV l'est de saint Louis.

Les armées n'étaient distinctes de la population civile que depuis l'Empire. L'esprit militaire, après avoir été poussé à l'extrême, avait presque disparu dans les derniers temps de la république: tout ce qui était riche et aisé s'éloignait du service militaire : on avait vu des citoyens se faire esclaves pour ne pas servir ; par une compensation naturelle, la lie de la population avait demandé à entrer dans l'armée. Auguste mit les institutions en harmonie avec les mœurs : il supprima le service obligatoire et créa la profession militaire. L'armée se recruta de deux manières, par les engagements volontaires et par les appels forcés. Beaucoup d'hommes des basses classes se firent soldats pour gagner leur vie et assurer leurs vieux jours : la solde était minime, mais après vingt ans de service le vétéran recevait un établissement, c'est-à-dire une petite propriété et une forte somme d'argent ; pour le prolétaire la profession militaire était la plus lucrative. Les engagés abondèrent d'abord, surtout dans les pays peuplés et pauvres. Les Gaulois, moins par intérêt que par vocation, s'engagèrent en masse et fournirent plusieurs fois leur part.

L'appel forcé était un impôt d'un nouveau genre : tous les possesseurs du sol, même les femmes, devaient fournir un ou plusieurs hommes, suivant l'étendue et la valeur de leur terre ; les moins riches se cotisaient entre eux. L'homme était un colon, un client, un serviteur, même un esclave, pourvu qu'on commençât par l'affranchir ; on ne le consultait pas : il était livré par son maître à l'État et servait vingt années ; son temps fait, il devenait citoyen. Quand le gouvernement avait plus besoin de soldats que d'argent, il exigeait que les propriétaires livrassent le nombre d'hommes voulu ; mais quand il avait plus besoin d'argent que de soldats, il permettait et même il ordonnait que chaque homme fût remplacé par vingt-cinq pièces d'or. Il était interdit au propriétaire de servir lui-même : le service cessait d'être une obligation personnelle et devenait une variété de l'impôt foncier.

Dans les deux premiers siècles Rome trouve encore des volontaires : ceux-là servent par vocation, sinon par patriotisme. Mais vient une révolution sociale qui amène une révolution dans l'armée. L'esprit aristocratique ne s'était pas affaibli sous l'Empire : partout les distinctions sociales s'étaient maintenues, à Rome, dans les provinces, dans l'armée ; à dix-huit ans un chevalier avait droit à commander un escadron ou une cohorte ; les grands commandements appartenaient presque exclusivement à l'aristocratie. Tandis que les hautes classes s'enrichissent et se fortifient, les classes moyennes tombent peu à peu dans la misère et dans la servitude. Au IIIe siècle, l'Empire se dépeuple : ils sont moins et payent davantage ; à force de payer, ils se ruinent : la petite propriété rurale disparaît, et l'homme libre, aliénant sa liberté pour vivre, se fait le colon d'un riche. Les classes inférieures, à qui la disparition de la classe moyenne fait espérer une place dans la société, abandonnent l'armée à leur tour. En même temps le péril augmente à la frontière ; les engagements volontaires deviennent de plus en plus rares ; l'armée ne se recrute que par appels forcés : la condition du soldat s'éloigne de plus en plus de celle du citoyen et se rapproche de celle de l'esclave, ou, pour mieux dire, de celle du forçat. L'appel est ce que les petits redoutent le plus au monde : chacun cherche à s'y dérober ; les parents mutilent leurs fils dès l'enfance pour les y soustraire, et les jeunes gens se coupent le pouce ; ces honteuses pratiques se multiplient tellement, que la répression en est impossible : on menace les réfractaires du bûcher, mais on ne peut les brûler tous. La lâcheté devient universelle : un seul pays y répugne, la Gaule. A l'exception des Gaulois, la plupart des soldats que l'Empire parvient à recruter n'ont qu'un désir, celui de déserter : on est réduit à les marquer comme des bêtes ; on leur imprime sur le front le nom de l'empereur régnant, et parfois la nuit on les met à la chaîne pour qu'ils ne s'échappent pas. Ces rigueurs ne font que les avilir et étouffer en eux tout sentiment d'honneur. Les faveurs n'ont pas plus d'effet que les supplices : en vain on offre à l'engagé dix sous d'or[1] ; en vain on augmente son

---

1. Une centaine de francs de notre monnaie ; voy. la note de la page 54.

bien-être, on rend ses armes moins lourdes, ses exercices moins pénibles, ses manœuvres moins fatigantes ; en vain on le loge dans les villes, parce qu'il est dégoûté des camps ; ces appâts séduisent à peine quelques misérables : on les accepte faute de mieux, sans regarder à leur passé, et des gens indignes, voleurs et bandits, viennent apporter dans l'armée leurs vices, leur paresse et leur lâcheté. L'armée romaine n'existe plus ; elle a tout perdu : le patriotisme, l'esprit militaire, la discipline, l'honneur ; le métier de soldat est devenu infâme.

Mais Rome ne devait pas tomber encore : assaillie de tous côtés par les barbares, c'est parmi eux qu'elle allait trouver de nouveaux défenseurs. Ce serait une erreur de s'imaginer la Germanie se précipitant sur l'Empire pour délivrer le monde esclave. La société romaine n'inspirait de haine qu'aux déclamateurs romains ; le gouvernement impérial n'était pas une tyrannie détestée ; les hommes d'alors ne connaissaient pas les antipathies de race ; la Germanie n'avait pas trop de sang et de vie ; son état était lamentable : sur un sol stérile, couvert de marécages et de forêts, vivait une population clairsemée, peu laborieuse, ignorant le commerce, l'industrie, l'art, la civilisation : triste pépinière de peuples ! La libre Germanie était divisée comme la Gaule d'avant César : nul lien entre les peuplades, et dans chacune d'elles les dissensions et les guerres civiles ; à l'ancien État germain, que décrit Tacite à la fin du Ier siècle, avait succédé le régime de la bande guerrière, régime de désordre et de violence.

Cette société en dissolution était un voisinage dangereux pour la Gaule : les vaincus y cherchaient un refuge, les exilés un foyer, les pauvres un gagne-pain ; une première invasion commençait, invasion de laboureurs, d'ouvriers, d'hommes de service, de portefaix ; mais ils envahissaient l'empire en fuyards, non en conquérants.

Autant les habitants de l'Empire se dérobaient au service

militaire, autant les Germains le recherchaient avec empressement : belliqueux et misérables, ils s'offraient en masse pour servir Rome, et n'attendaient qu'un signe pour accourir à son appel. Robustes et braves, ils faisaient de bons soldats. De bonne heure les empereurs en avaient pris à leur solde et en avaient formé de petits corps. Tant que Rome put se passer d'eux, elle ne les admit qu'un à un; mais quand elle manqua d'hommes, elle ouvrit la porte plus grande et les aissa pénétrer : on vit en Gaule des troupes de Goths, de Francs, d'Alamans, de Suèves, d'Hérules, etc. Des Sarmates entrèrent avec les Germains; leur nouvelle existence leur paraissait douce : traités comme les soldats romains, ils pouvaient se marier, fonder une famille et vivre dans leur petite maison avec leur femme et leurs enfants; chacun avait son petit champ, dont le produit lui servait de solde : beaucoup possédaient un esclave. Une garnison n'était pas une troupe d'hommes logés dans une caserne, c'était une population militaire établie au milieu de la population civile.

Ces auxiliaires ne rendirent que des services tant qu'ils furent disséminés et mêlés à des troupes romaines; mais celles-ci fondaient rapidement, les barbares remplissaient les vides, et pour dix qu'on demandait il s'en présentait cent. Valentinien veut lever quelques milliers de Burgondes : 80 000 répondent à l'appel.

Contre ce flot envahissant où était la digue? Le jour vint où l'élément romain fut entièrement submergé : les auxiliaires étaient devenus les troupes principales; les petits corps barbares soumis à des officiers romains s'étaient transformés en grandes armées commandées par leurs chefs nationaux. Le gouvernement impérial était trop faible pour rester le maître. Rome forte avait été servie avec dévouement, affaiblie et dégénérée, elle impose encore au monde; ses serviteurs ne souhaitent pas sa fin et ne songent pas même à la quitter, mais ils connaissent leurs forces et n'obéissent plus. Les Burgondes, les Wisigoths, les Francs du v° siècle ressemblent aux soldats germains du siècle précédent ; ils sont seulement plus nombreux et moins soumis ; ils occupent de plus vastes territoires, et leurs rois ont pris la place des fonctionnaires romains ; les chefs de bande sont devenus chefs de l'ordre civil ; gouverneurs de la province dont ils ont fait leur solde, ils lèvent les impôts pour leur compte et rendent la justice. On les voit d'abord timides et comme surpris de leur puissance : ils n'avaient pas d'aussi grands desseins. Leur ambition grandit peu à peu ; le lien qui les attache à Rome se relâche de jour en jour ; l'empire se désagrège ; les derniers débris des troupes romaines disparaissent dans cette confusion, et les empereurs d'Occident, jouets des nouveaux maîtres de la milice, dépouillés de toute puissance, sont réduits à l'état de fantômes qui finissent par s'évanouir.

ÉPOQUE MÉROVINGIENNE

Entre l'histoire de la Gaule romaine et l'histoire de la France s'étend une période troublée d'où sort la société nouvelle.

En 486, quatre armées vivent sur le sol de la Gaule : les Visigoths dans le bassin de la Garonne, les Burgondes dans celui du Rhône; au nord la bande franque, sous Clovis, qui en a pris le commandement à la mort de son père; au centre, l'armée du romain Syagrius. Ces quatre armées n'ont pas de lien entre elles : chacun des quatre chefs est maître d'un quart du pays et le gouverne à son gré. Syagrius n'est pas plus que les autres le représentant officiel de l'Empire : il est seulement chef de soldats gallo-romains, comme d'autres sont chefs de Burgondes, de Visigoths et de Francs; il n'obéit ni plus ni moins que ceux-ci à l'empereur de Constantinople; il n'est pas préféré par la Gaule aux rois germains.

Il suffisait que ces chefs fussent ambitieux et leurs soldats entreprenants pour que la lutte éclatât entre les quatre bandes. La moins riche était celle de Clovis : elle entreprit de s'enrichir. Clovis attaque successivement les trois autres chefs : il se jette d'abord sur le plus faible, Syagrius, il le bat sans peine, et les troupes gallo-romaines, vaincues ou séduites, se donnent peu à peu au vainqueur. Clovis leur laisse leur organisation, leurs enseignes et leurs uniformes, et les joint à ses troupes germaines. Cette armée gallo-franque vaut mieux que les armées des Visigoths et des Burgondes. Son chef double ses forces en s'alliant avec l'Église : Visigoths et Burgondes sont vaincus : des quatre armées il n'en reste qu'une, celle des Francs.

Les hommes de ce temps ne virent dans ces guerres ni invasion ni conquête : c'est que Clovis ne fit pas un instant la

BARBARES.

guerre à la race gauloise. Vainqueur, il ne songe pas à rompre tout lien avec l'Empire; il se considère comme le représentant de l'empereur en Gaule, et sollicite d'Anastase les titres de maître des soldats et de patrice des Romains, signes de l'autorité militaire et de l'autorité civile; il célèbre son entrée en charge avec la plus grande solennité. Il se conforme à beaucoup d'usages romains; il gouverne les populations comme s'il était vice-empereur. Il est roi des Francs, mais non pas roi des Gaulois. Il faut se garder de considérer les serfs du moyen âge comme les descendants des Gaulois vaincus, et les seigneurs féodaux comme les fils des guerriers francs. Clovis n'asservit pas la Gaule : la population gallo-romaine demeure dans les mêmes conditions que par le passé : les hommes libres conservent leur liberté, les nobles leur noblesse; Francs et Gaulois vivent à côté les uns des autres sur le pied d'égalité : les nobles gaulois ne sont pas inférieurs aux nobles francs, et les esclaves francs ne sont pas supérieurs aux esclaves gaulois. Les propriétaires du sol ne sont pas dépouillés : les Francs ne prennent que les domaines des empereurs et les terres que la dépopulation a rendues vacantes; ils sont soumis aux impôts comme les Gaulois. La Gaule garde sa religion : Clovis n'y établit pas son culte barbare, il reçoit le baptême et conclut avec l'Église une alliance dont tous deux profitent. La Gaule garde sa langue : les Francs n'y introduisent ni leurs mots, ni leur grammaire, ni leur accent; le latin reste la langue populaire et la langue officielle : les fils des Francs parleront latin, et les Mérovingiens écrivent en latin leurs ordonnances. La Gaule garde ses lois : Clovis ne lui impose ni code germanique, ni tribunaux francs.

Quel est donc le changement survenu en Gaule ? C'est que la Gaule est gouvernée par un chef militaire qui ne rompt pas officiellement avec l'Empire, mais qui en réalité est indépendant. La Gaule n'est plus une province; privée du gouvernement impérial, elle demande pour le remplacer une main ferme, la main d'un soldat. Ancien chef de bande, Clovis a des sujets parce qu'il a des soldats ; il est l'élu de la nation parce qu'il est l'élu de l'armée : son pouvoir politique est comme un reflet de son pouvoir militaire. Comme roi il n'a qu'un pouvoir limité, comme chef de guerre il est tout-puissant : il a sur ses soldats le droit de vie et de mort. Il était permis de prendre aux habitants de l'herbe et de l'eau ; un soldat s'avise de dérober du foin à une pauvre femme, en disant : « Qu'est-ce que du foin, sinon de l'herbe coupée et

LE VASE DE SOISSONS.

mise en bottes? » Clovis, qui ne goûte pas ce raisonnement, fait venir le soldat et le tue de sa propre main. En paix, Clovis est forcé à plus de ménagements. Tout le monde connaît l'histoire du vase de Soissons : des soldats avaient dérobé à une église un vase des plus précieux; Clovis ne peut le leur arracher par la force, il se borne à les prier de le lui donner, et un Franc grossier lui répond en brisant le vase : « Tu n'auras de tout ceci, que ce que le sort te donnera. » Clovis garde le silence; mais, le printemps venu, il réunit les Francs sur le champ de Mars : là il est vraiment roi, son autorité est absolue. Il avise le soldat qui l'a insulté : « Personne ici n'a des armes aussi mal tenues que toi, » dit-il, et il lui brise le crâne d'un coup de hache en ajoutant : « Ainsi as-tu fait au vase de Soissons. » Le chef militaire avait vengé le roi.

A l'origine les Francs formaient toute l'armée de Clovis, bientôt ils n'en formèrent plus que le noyau : on estime leur nombre à 6000, et l'on sait qu'au moment de son baptême Clovis n'est suivi que de 3000 guerriers. Ce n'est pas avec cette poignée d'hommes qu'il pouvait conquérir la Gaule. Les soldats de Syagrius ne furent pas les seuls à se rallier à lui ; les anciennes milices gauloises, qui continuaient à faire la police, le reconnurent pour chef et grossirent souvent ses troupes : c'étaient des soldats sans général qui s'en donnaient un, non des vaincus qui marchaient à contre-cœur.

Mais un homme, si fort qu'il fût, ne pouvait remplacer l'Empire. Clovis mort, ses premiers successeurs héritent de sa force; mais bientôt la royauté mérovingienne succombe par l'effet de sa propre faiblesse, et non pour s'être détachée définitivement de l'Empire : un lien aussi lâche ne communiquait plus à la Gaule ni faiblesse ni force. Les rois mérovingiens deviennent de pauvres rois parce qu'ils deviennent nécessairement de pauvres chefs ; il leur faudrait de grandes richesses pour satisfaire leur bande avide, et ils n'ont plus rien à lui donner; il leur faudrait beaucoup d'énergie pour dompter des guerriers violents, et ils n'osent plus leur commander. Ni leurs soldats ni leurs sujets ne leur obéissent : les uns comme les autres commencent à s'affranchir; le morcellement du pouvoir s'annonce; les ducs et les comtes deviennent de petits rois. Les champs de Mars, d'abord simples revues, ont dégénéré en assemblées politiques : sous la tente les grands délibèrent avec le roi; dans la plaine les hommes libres attendent leur décison pour y applaudir. Ce sont les grands qui décident de la guerre ou de la paix : le roi tantôt tire l'épée malgré lui, tantôt la remet au fourreau tristement. Thierry, qui en veut aux Thuringiens, ne décide ses guerriers qu'à force de déclamations. Clotaire II veut accorder la paix aux Saxons; les grands, avides de butin, sont d'un avis contraire : ils mettent en pièces la tente du roi et le menacent de mort; ils l'entraînent au combat et se font battre. Un jour des troupes ont massacré leur général ; le roi Gontran s'apprête à leur adresser de justes reproches; on lui enjoint de se taire : « Nous savons, lui dit un soldat, où est ta hache encore affilée qui a tranché la tête de tes frères : prends garde qu'elle ne te fasse aussi sauter la cervelle; » et Gontran épouvanté demande grâce : « Je vous conjure, s'écrie-t-il, de ne pas m'assassiner comme vous avez assassiné mes frères. » Tel n'était pas le langage de Clovis.

Ces temps sont troublés par une lutte, mais quelle est-elle? C'est la lutte de la royauté et de l'aristocratie, non celle des Gaulois et des Francs. Les deux races sont sur le pied d'égalité, et sans antipathie l'une contre l'autre : on trouve des Arvernes à la suite de Sigebert, des Atrébates, des Bellovaques, des Parisiens à la suite de Chilpéric; les milices de Touraine et d'Anjou font plusieurs fois parler d'elles. Les Gaulois riches ou aisés continuent de fournir des soldats : les églises, en tant que propriétaires, sont astreintes au même impôt, et

Saint-Martin de Tours, qui néglige de s'acquitter, est condamnée à une amende.

Les Francs ne se réservent pas les grades : si l'on voit des Gaulois obéir à des Francs, on voit aussi des Francs commandés par des Gaulois; les armées de Chilpéric et de Gontran ont à leur tête Mummolus et Désidérius, deux Gaulois ; centeniers, vicaires, comtes et ducs, gouverneurs militaires de tous ordres sont très souvent des Gaulois, et il n'y a aucune apparence que cette fusion ait choqué les contemporains.

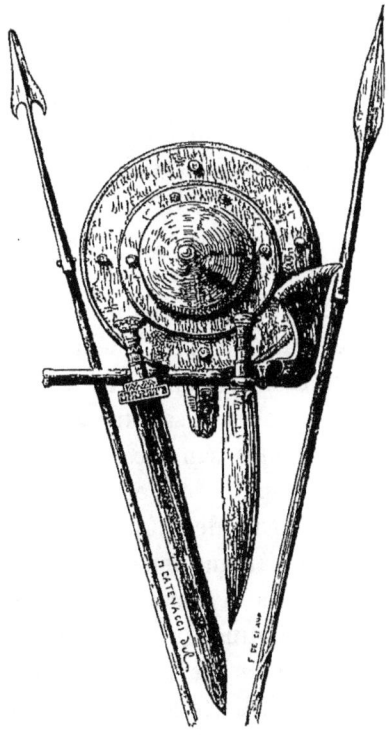

ARMES DES FRANCS.

Les Francs étaient tous soldats, ou plutôt les seuls Francs qui fussent venus en Gaule étaient des guerriers; ils ne tardèrent pas à imiter les Gaulois. En Germanie ils portaient un sayon, des braies et des sandales, pas de cuirasse; leur armement se composait d'un mauvais bouclier, d'une framée, petite lance en fer, d'une francisque, hache à deux tranchants, d'une sorte de harpon appelé *hang* et d'une épée appelée *scamasaxe;* ils avaient peu de cavalerie, ayant peu de chevaux; chez eux la récompense du courage était un cheval de bataille, une framée prise à l'ennemi ou une place dans un festin. Le contact des Romains avait transformé les Gaulois; le contact des Gaulois transforma les Francs à leur tour : ils adoptèrent les habits romains, cotte de mailles et chlamyde; le roi revêtit la toge ; ils prirent les armes romaines, glaive et javelot, et ne conservèrent de leur armement que la francisque ; ils eurent un peu de cavalerie, et se servirent de ponts de bateaux et de machines de guerre ; ils aspirèrent à d'autres récompenses, telles qu'une somme d'argent ou une pièce de terre. La civilisation avait changé leur caractère comme leur aspect : Francs et Gaulois s'étaient fondus si bien, qu'il était difficile de les reconnaître.

Ces armées gallo-franques n'étaient pas permanentes : le roi n'avait autour de lui qu'une sorte de garde formée de nobles d'origine germanique ou romaine. Deux fois par an il réunissait les grands avec leurs hommes ; décidait-on la guerre, ces troupes peu disciplinées, mais braves, allaient dépouiller quelque peuplade ou mettre à sac une ville ; décidait-on la paix, beaucoup d'hommes sans ressources cherchaient leur vie aux dépens des populations et ne se contentaient pas, comme le soldat de Clovis, de leur voler du foin.

L'invasion germanique, en supprimant peu à peu l'autorité romaine, avait jeté le trouble dans la société : privés d'une administration régulière, abandonnés à eux-mêmes, les hommes de ce temps s'attachèrent les uns aux autres par des liens personnels ; moins avides de liberté que de protection, les faibles cherchèrent un refuge auprès du fort : par un contrat naturel, ils lui accordèrent leur obéissance en échange de son appui ; en ce temps l'homme fort, c'est le riche, et la seule richesse la terre ; la souveraineté se confond avec la propriété : le riche devient seigneur.

ÉPOQUE CAROLINGIENNE

Les derniers descendants de Clovis ne sont plus rois que de nom : l'aristocratie grandit, la royauté tombe. Le seigneur le plus fort par ses domaines et par sa clientèle, le chef élu des grands, le maire du palais, n'a plus qu'à prendre le pouvoir. Il renverse les Mérovingiens et se met à leur place. Mais il ne voit pas qu'il a renversé la royauté même : chef de l'aristocratie, il était soutenu ; roi, il est seul. Il se trouve en présence des mêmes embarras que ses prédécesseurs. La dynastie carolingienne est condamnée à périr pour avoir oublié son origine.

Un homme en retarde la fin par la puissance de son génie ; il ne change pas le cours des choses : un tel pouvoir est refusé à l'homme ; mais il en arrête un moment la marche. Il accomplit une œuvre qui semblait impossible : il fait la royauté grande sans paraître abaisser l'aristocratie ; il concilie l'unité avec le morcellement ; il rétablit le lien qui rattache le sujet à l'État, et il ne détruit pas celui qui rattache le vassal au seigneur : il a l'habileté de paraître donner ce qu'il ne peut enlever.

Les armées de Charlemagne sont à la fois seigneuriales et royales. Le seigneur a le droit d'exiger le service de ses tenanciers, mais est obligé de les faire marcher et de marcher lui-même pour le roi. Dans ses guerres privées il peut se croire indépendant : il agit à sa guise, sa puissance est trop enracinée pour qu'on songe à la lui enlever. Charlemagne consacre un abus qu'il ne peut détruire : la guerre privée, réglementée, est rendue légale. Un capitulaire autorise tout homme à se recommander au seigneur qu'il choisira, c'est-à-dire à se faire son « homme »; un autre capitulaire défend au vassal d'abandonner son seigneur, à moins que celui-ci n'ait essayé de le tuer, ne lui ait ravi sa femme ou son bien; défense aux agents du roi d'accueillir des vassaux fugitifs, et si le roi et le seigneur réclament du même homme le même service, c'est le service du seigneur qui doit l'emporter. Ainsi le lien féodal, proclamé inviolable par la royauté même, qu'il ruinera, prend désormais le pas sur l'obligation politique.

Mais Charlemagne, pour permettre aux seigneurs de se battre entre eux, ne les dispense pas du service public : quand il décide une expédition, chacun doit accourir à son appel. L'acte de convocation, le *ban*, est partout proclamé, et le lieu de rassemblement fixé : à chaque seigneur de s'armer, de se pourvoir de vêtements, de vivres et d'argent pour la durée de la guerre, et de se mettre en marche avec quelques serviteurs.

Les armées carolingiennes diffèrent essentiellement des armées de la fin de l'Empire : elles sont composées non plus d'une lie, mais d'une élite; ce ne sont plus des citoyens qui payent à l'État un impôt, ce sont des vassaux qui s'acquittent envers un suzerain d'une obligation personnelle. Les petits et les pauvres n'ont plus affaire au roi, ils sont séparés de lui par le seigneur. Ceux que le roi convoque sont les puissants et les riches; ne le sert pas qui veut : le service, toujours gratuit, est un acte de soumission, et l'obligation en est d'autant plus étroite que la personne qui le doit est plus élevée en dignité; les agents de Charlemagne dressent la liste des fortunes et les rôles de l'armée : en tête sont inscrits les grands propriétaires; tous ceux qui possèdent au moins quatre *mans* sont tenus de marcher de leur personne (le *mans* était une mesure agraire qui valait environ quinze hectares); celui qui ne possède que trois *mans* se joint à quelqu'un qui en possède un et part, défrayé par son associé d'une partie de ses dépenses; les propriétaires de deux *mans* et ceux d'un *mans* font entre eux des accords analogues. En général l'obligation s'arrête là. Ce ne fut que dans les cas pressants que l'appel s'étendit à de moins riches : ainsi il arriva une fois, dans la guerre de Saxe, que Charlemagne réclama le concours de tous ceux qui possédaient quelque bien, si petit qu'il fût, et comme l'équipement coûtait cher, les nouvelles recrues furent employées à conduire les bagages et les chariots d'approvisionnement. Mais ces levées sont rares; en général le roi appelle chaque année le nombre d'hommes nécessaire et les garde deux ou trois mois; il ménage autant que possible les intérêts privés, il laisse quelques vassaux au comte pour garder son château, à l'évêque pour surveiller son diocèse; mais il réclame impérieusement son droit royal : aucun propriétaire ne peut se soustraire au service, les évêques et les abbés y sont astreints comme les autres; on les voit ceindre l'épée, endosser la cotte de mailles et se coiffer du casque; les canons de l'Église ne les empêchent pas de frapper de bons coups et de se conduire en braves : dans la légende, l'archevêque Turpin, l'héroïque compagnon de Roland, est resté le type de l'évêque guerrier.

Ces armées sont essentiellement aristocratiques; on dirait des armées où tout le monde a grade d'officier. C'est que depuis l'invasion l'aristocratie, renouvelée par l'élément germanique, est devenue militaire et belliqueuse : elle ne demande qu'à combattre. C'est aussi que depuis la fin de l'empire romain l'armée permanente a disparu avec le gouvernement central : les riches eussent répugné, comme par le passé, à se faire soldats pour la vie, mais ils s'accommodaient de servir par intervalles, de former au roi comme une garde

LA LÉGENDE DE ROLAND A RONCEVAUX.

d'honneur, et de retirer profit et gloire d'expéditions toujours victorieuses.

Dans une armée composée de propriétaires la cavalerie était nécessairement très nombreuse, au contraire des armées mérovingiennes ; les riches, qui étaient les vrais soldats, possédaient tous une monture de guerre ; l'infanterie, qui ne se composait guère que de leurs gens, tomba dans le mépris et ne compta plus. L'histoire manque de détails précis sur l'organisation de ces armées : on sait seulement que leurs chefs n'ignoraient pas l'art de tracer un camp et de le fortifier, de disposer leurs troupes en coin, de manœuvrer balistes, béliers, catapultes et tours roulantes ; le train d'alors attelait ses chariots avec des bœufs de labour, parce qu'il était difficile de réunir des chevaux du jour au lendemain. La puissance de Charlemagne frappa vivement l'esprit des hommes de ce temps, et sa personne devint pour leur imagination plus grande que nature. Le moine de Saint-Gall fait déjà de lui un portrait épique : « Alors parut Charlemagne lui-même, cet homme de fer, la tête couverte d'un casque de fer, les mains garnies de gantelets de fer, la poitrine défendue par une cuirasse de fer, la main gauche armée d'une lance qu'il brandissait, la main droite étendue sur son épée invincible. Ses cuisses même étaient entourées de lames de fer ; ses bottes, son bouclier, étaient en fer. » Infatigable, Charlemagne conduisit ses armées contre les Saxons, les Sarrasins, les Lombards, les Bavarois, les Avares : il fit une grande œuvre, mais qui ne pouvait durer après lui. Ses successeurs n'avaient pas la force de se faire obéir. Enfin, après tant d'expéditions lointaines et continues, les hommes d'alors éprouvèrent un vif besoin de rester chacun chez eux, non pas, il est vrai, pour s'y consacrer aux arts de la paix, mais pour se battre les uns contre les autres ; aux grandes guerres de Charlemagne vont succéder les luttes de clocher, les attaques de châteaux : le temps de la féodalité est venu.

ÉPOQUE FÉODALE

(X°, XI°, XII° SIÈCLES)

Aucun régime social et politique n'a poussé de plus profondes racines que le régime féodal : aucun n'a été plus vivace et plus durable. Si singulières qu'elles soient en apparence, les institutions féodales n'ont pas été le fruit de la force ou d'un accident ; elles se sont formées lentement, et le développement en a été plus régulier qu'il ne semble.

Après Charlemagne l'Empire se divise, chaque partie se décompose, l'État se disloque et tombe en morceaux. Au lien qui unit le citoyen à l'État se substitue le lien qui unit l'homme à l'homme. Le pouvoir central ne peut suffire à sa tâche : on se passe de lui ; le faible demande au fort sa protection et lui promet obéissance : il devient son homme, le reconnaît pour son seigneur. Le roi n'a plus de sujets, il n'a pas encore de vassaux. Le seigneur sent sa force et la faiblesse du roi, il n'obéit plus ; les anciens agents royaux se transforment en rebelles, ils gardent pour eux le poste qu'on leur a confié ; ils y ont planté leurs pieds solidement, et si le roi le leur réclame, ils lui répondent avec hauteur qu'ils sont chez eux, comme la lice entourée de ses petits et montrant les dents.

L'armée est l'image de la société : le commandement se fractionne comme la souveraineté, chaque seigneur est un chef militaire. Le roi n'est pas plus maître de l'armée que de la nation. S'il entreprend une guerre, il n'est pas certain d'avoir des soldats; les grands jugeront eux-mêmes s'ils doivent le suivre ou non, et le roi, impuissant, humilié, est forcé de leur reconnaître ce droit. Charles le Simple, dans sa guerre contre Robert, réunit à peine 10 000 hommes. Le roi est désarmé, et la nation avec lui; il n'y a plus de guerre royale ni nationale. Le temps approche où il n'y aura plus ni roi ni nation.

Tout seigneur a son armée petite ou grande, et il n'y a pas d'autres armées que celles-là. Dans ces temps agités la société ne subsiste qu'en se tenant sur le pied de guerre : tout homme n'échappe à la mort qu'en étant prêt à la donner, toute maison au pillage qu'en s'entourant de remparts et de fossés profonds. En vain Charles le Chauve ordonne-t-il de démolir ces châteaux forts qu'il redoute : sa voix n'est pas écoutée; tout le pays se hérisse de forteresses; l'invasion des Normands sert de prétexte; tout seigneur choisit dans son domaine une colline inaccessible, sur le bord d'un étang ou d'un ravin; il y construit des murailles massives, il y élève des tours énormes, il y creuse des souterrains immenses. Les paysans trouveront là un abri pour eux et pour leurs troupeaux. Dès qu'on signale un danger, les pauvres se réfugient au château et s'y entassent : le péril passé, chacun rentre dans sa chaumière. Le château, c'est le salut, et le châtelain le sauveur. Il faut qu'il soit en âge de combattre, robuste et brave, expert aux armes et bon cavalier; s'il meurt, sa femme doit se remarier : ce n'est qu'à soixante ans qu'elle a le droit de rester veuve. Le château et la terre passent à l'aîné des fils, par la raison qu'on ne peut partager une forteresse. La guerre est en permanence. « En ce temps-là, dit une chronique, les rois, comtes, nobles, et tous les chevaliers, afin d'être prêts à toute heure, menaient leurs chevaux dans la salle où ils couchaient avec leurs femmes. » La vie est une lutte continuelle; les plus pacifiques se font guerriers, les abbayes et les églises deviennent des places de guerre; les foudres canoniques restant parfois sans effet, l'Église se conforme aux mœurs du temps et oppose la violence à la violence. L'histoire de cette époque ne présente que des attaques de châteaux et des escarmouches sans fin; les seigneurs ne s'occupent pas principalement du bien public, ils songent souvent à satisfaire leur haine et leur ambition. Ils sont forts, ce sont eux qui sont les rois : le comte Foulques d'Anjou, dans sa guerre contre Conan de Bretagne, n'a pas moins de 40 000 hommes à son service [1].

I. — ARMÉES SEIGNEURIALES

Les armées féodales sont composées de nobles et de roturiers. Les nobles sont les riches et les forts, ceux qui possèdent la terre, la seule richesse d'alors, et ceux dont le bras est robuste et le cœur intrépide; ceux-là sont privilégiés : le seigneur suzerain doit compter avec eux et leur accorder ses bonnes grâces; il n'exige d'eux que le service militaire.

Les roturiers sont les pauvres et les faibles, qui n'ont rien à offrir au seigneur en échange de sa protection; ils reçoivent de lui des terres et les cultivent, à la condition de lui payer une rente annuelle et de le suivre à la guerre. Le nom de vassaux est en général réservé aux premiers; les seconds sont appelés les *hommes* des seigneurs, les vilains, les gens de *poeste*. Les uns comme les autres sont astreints au service militaire, mais dans des conditions très différentes: il est essentiel de distinguer le service féodal noble et le service féodal roturier.

Les nobles étaient loin d'être tous égaux entre eux. Au sommet de la hiérarchie, les grands feudataires de la couronne, anciens agents du roi qui avaient rendu héréditaire leur comté ou leur duché : tels étaient les ducs de Bourgogne et de Bretagne, les comtes de Flandre et de Champagne. De ces grands fiefs dé-

---

1. Voy. *Institutions militaires de la France*, par E. Boutaric.

pendaient les seigneuries, des seigneuries les baronnies, et des baronnies les fiefs simples : on comptait en général douze ou treize fiefs dans la « mouvance » d'une baronnie. Le comte ou duc avait le droit d'appeler à son aide non seulement ses vassaux, mais les vassaux de ses vassaux, c'est-à-dire les barons et les simples chevaliers. Les évêques et les abbés ne servaient plus de leur personne, mais ils entretenaient auprès d'eux quelques chevaliers et des hommes d'armes qui concouraient à la défense du pays. Les devoirs réciproques du vassal et de son seigneur étaient constatés par l'*hommage*, cérémonie solennelle où le vassal s'avouait l'*homme* du seigneur. Le vassal devait à son seigneur, sous peine de perdre son fief, l'*ost*, la *fiance* et la *justice*. L'ost, c'est-à-dire le service militaire, était la principale obligation. En principe le vassal devait à son seigneur quarante jours de service par an, et ce service était gratuit tant que l'on ne franchissait pas les limites de la seigneurie. Les expéditions étaient de deux sortes : la *chevauchee* était une espèce de reconnaissance à cheval, l'*ost* proprement dit était la guerre véritable. Le service se réduisait souvent à tenir garnison dans le château du seigneur. Il y avait deux sortes d'hommage, l'hommage ordinaire et l'hommage *lige*. L'*homme lige* était tenu de suivre son seigneur en tous lieux et à ses frais, de le défendre en toutes circonstances, « en ses guerres et autrement contre tous ceux qui peuvent vivre et mourir, en la forme et manière que bon et loyal sujet doit servir son souverain seigneur »..
L'homme lige devait le service pendant la durée de la guerre; il recevait en récompense un fief de plus que les autres et jouissait du privilège d'escorter le seigneur. On pouvait être l'homme lige de deux ou plusieurs seigneurs, à la condition que le premier le permît; c'était toujours lui qu'il fallait suivre de préférence, et jamais on ne pouvait servir l'un contre l'autre : lorsque deux des seigneurs se faisaient la guerre, l'homme lige restait neutre; il laissait seulement ses hommes

suivre le plus ancien des deux. L'hommage ordinaire était seulement moins étroit que l'hommage lige : le vassal pouvait souvent se faire remplacer par un des siens ; le service annuel n'était que de quarante jours, à moins que le vassal n'eût ajouté à son patrimoine un nouveau fief ; en ce cas il servait pour deux. En revanche, si le fief de ses pères s'était

RETOUR AU CHATEAU.

trouvé réduit de moitié ou du quart, il ne devait plus que vingt ou que dix jours. S'il était pauvre, il n'était appelé que dans les circonstances graves, et n'était soumis en temps ordinaire qu'à quelques redevances ou à un service de garde ou de guet dans le pays ; parfois son seigneur n'exigeait de lui qu'une paire d'éperons dorés.

Parmi les chevaliers on distinguait les *bannerets*, qui avaient à leur suite un certain nombre de vassaux avec une bannière, et les simples chevaliers, que suivaient le plus souvent un écuyer et un page ; les jeunes nobles qui n'avaient pas encore reçu l'ordre de la chevalerie portaient le nom de *bacheliers*. Tout vassal, riche ou pauvre, devait abaisser devant son seigneur le pont-levis de son château ou lui ouvrir la porte de sa tour. Le seigneur entendait être comme chez lui dans la maison de son vassal. En retour il lui devait aide et protection : « Telle loyauté le vassal doit au seigneur, telle loyauté et telle aide le seigneur à son vassal; » il devait lui assurer la possession de son fief, respecter sa personne et son bien, le défendre et lui faire justice.

Chaque seigneurie était un petit État ; sans cesse en guerre contre des voisins ou contre des envahisseurs, elle avait besoin de défenseurs nombreux : le seigneur suffisait à combattre de petites troupes, à faire la police quotidienne du pays; contre des ennemis plus redoutables il n'était pas en force ; ses vassaux nobles, suivis seulement de quelques compagnons, n'étaient guère qu'un corps d'officiers, sorte d'état-major sans soldats. Seuls les vilains pouvaient faire nombre.

En ce temps de guerre permanente un seul régime était bon, celui d'une ville assiégée ou même d'une armée en campagne : le seigneur étant le défenseur, tous ses tenanciers étaient naturellement ses soldats. C'est lui qui les protège contre les brigands, eux et leurs femmes ; lui qui les empêche d'être massacrés ou emmenés au loin, la fourche au cou. Il est naturel qu'ils lui obéissent, qu'ils le suivent quand il a besoin d'eux et qu'ils combattent pour lui comme il combat pour eux ; en défendant la seigneurie, c'est eux-mêmes qu'ils défendent.

A l'origine ils se bornent à repousser les invasions. L'ennemi est signalé : chacun s'arme à la hâte, comme il peut, d'une faux, d'un bâton, d'un couteau; les femmes et les enfants s'enferment dans le château ou se cachent au fond des bois; les hommes se battent, dirigés par le seigneur et par les nobles qui l'accompagnent; beaucoup restent sur la place, mais l'ennemi recule, et la paix renaît pour quelques jours.

Sans doute la main du seigneur n'est pas douce : elle rudoie ceux qu'elle protège, mais on lui passe bien des violences, et on ne lui marchande pas la récompense due à ses services. On le suit dans ses petites expéditions; en général le roturier doit quarante jours de service par an comme le noble, et cela de seize à soixante ans. Le service est à sa charge; aussi essaye-t-il de se dédommager par le butin, principal stimulant de son courage; sa grande ambition est de faire prisonnier un seigneur, pour lui arracher une riche rançon: dans la loterie de la guerre, c'est là le gros lot que tous envient. Le service est à sa charge; aussi l'indigent en est-il toujours exempt. En maint endroit, à Limoges, à Aigues-Mortes, à Châlons, le seigneur se borne à exiger un combattant par maison: aux habitants de s'entendre entre eux; chaque village doit aussi fournir un contingent fixé. On laisse dans leurs foyers les vieillards, les hommes dont la femme est près d'accoucher, les médecins dont ceux qui restent ne peuvent se passer, et les notaires, apparemment indispensables. On étend souvent le même privilège à des ouvriers difficiles à remplacer, à des charpentiers, à des serruriers, à des maçons : les meuniers ne quittent guère leurs moulins, ni les forgerons leurs forges. Aussi bien les règlements varient suivant les localités. Certains usages sont communs à tous les pays : ainsi les réfractaires et les déserteurs, que menace aujourd'hui la peine de mort, en sont quittes alors pour une amende ; mais les voleurs sont pendus et les faux monnayeurs bouillis; c'est que le seigneur a besoin d'argent, et qu'un pendu n'est bon à rien.

L'armement des roturiers dépend de leur fortune : tous combattent à pied ; les plus riches sont tenus d'avoir la cotte de mailles et le chapeau de fer, sorte de casque sans visière et sans gorgerin ; les hommes peu aisés se contentent d'un plastron de cuir appelé *gambesson*, et les pauvres opposent aux coups leur poitrine. Les armes offensives sont l'épée, l'arc, l'arbalète, le couteau. L'infortuné vilain fait triste figure à côté du seigneur ; armé de toutes pièces, couvert de fer de la tête aux pieds, le heaume en tête, le haubert au dos, les jambes et les bras enveloppés de fer, le chevalier s'avance sur son grand cheval de bataille, l'écu au bras gauche et la lance au poing. Tout un arsenal pend à sa selle : la masse d'armes,

HEAUME.   BONNET DE FER.   ÉCU.

massue garnie de pointes, le fléau d'armes, grosse boule de fer attachée à une chaîne, la hache d'armes, l'épée et le poi-

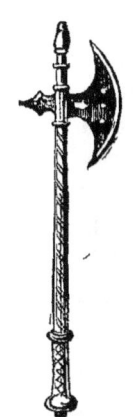  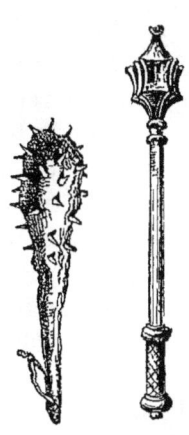

HACHE D'ARMES.   FLÉAU D'ARMES.   MASSES D'ARMES.

gnard de miséricorde. La seule ressource du roturier est de s'embusquer avec son arc derrière un obstacle : en rase campagne il est infailliblement renversé, taillladé, assommé, transpercé.

Aussi ne marche-t-il pas toujours de très bon cœur. Ce n'est pas le courage qui lui manque, mais il est rebuté par son impuissance. Il lui faut quitter sa maison, sa femme, ses enfants : Dieu seul sait s'il les retrouvera. Il lui faut sortir sans armes, sans cuirasse, sans casque, sans défense d'aucune sorte ; que faire contre le chevalier et le cheval de fer? Le pauvre homme sent son cœur défaillir : on exige trop de lui. Il ne refuse pas d'obéir, mais il songe que son protecteur fait bien bon marché de ses os. La féodalité de bienfaisante se fait oppressive : le seigneur ne se borne plus à défendre le pays, il oublie l'origine et la raison des liens féodaux ; il abuse de son vieux droit et se sert de sa puissance pour satisfaire ses rêves ambitieux ; plus d'un foule aux pieds tout scrupule, et de gendarme devient brigand. La patience du vilain se lasse ; il veut bien défendre le château et repousser un agresseur, mais il répugne aux guerres lointaines dont il ignore le but et la raison : il a combattu les brigands de bon cœur, mais ne veut-on pas maintenant le transformer lui-même en brigand? L'impôt l'écrase, mais le service militaire est la charge qui lui pèse le plus. Il s'agite sous le fardeau qui l'accable, il est trop faible pour le secouer ; mais un allié lui vient : le roi.

Leur cause est commune : roi et peuple s'unissent ; les petits et les faibles se confient à lui comme à un sauveur ; pour eux, le roi de France c'est le gardien du droit, le redresseur des torts, la Providence en terre : il lui suffit de toucher les plaies pour les guérir, il a le don du miracle. Le roi les laisse venir à lui, parce qu'il a besoin d'alliés. Les habitants des villes, moins opprimés, partant moins timides, sont les premiers à

LANCES.

l'implorer : ils demandent des franchises, la réduction des impôts, avant tout l'adoucissement du service militaire. Un certain nombre s'affranchissent et fondent des *communes;* le roi n'a garde d'en tolérer chez lui, mais il en favorise le développement chez tous ceux qu'il veut amoindrir. Dans les campagnes le peuple, plus assujetti, reste plongé dans la misère. Sans doute le roi intervient en sa faveur : il défend au seigneur d'emmener ses hommes au loin; il fixe les cas où il peut les appeler ; mais ces ordonnances équitables sont peu observées, tant que le roi n'est pas assez puissant pour les soutenir par la force.

L'intervention royale n'est pas plus décisive contre un autre fléau dont souffre la société du moyen âge. Dès le xe siècle les seigneurs, à qui leurs vassaux et tenanciers ne suffisaient pas, avaient eu recours pour leurs guerres lointaines à d'autres combattants, aventuriers enrôlés sous un chef audacieux qui vendait ses services au plus offrant, vagabonds en quête de hasards, brigands avides et cruels qui marquaient leur passage par le sang et le feu; démons déchaînés qui pillaient les églises, forçaient les couvents, égorgeaient les moines. Ces forcenés sont connus sous le nom de *routiers* ou de *cotereaux.* En vain les rois de France défendirent aux seigneurs de les employer, en vain les papes les frappèrent d'anathèmes et d'excommunications : ces mécréants ne croyaient ni à Dieu ni à diable, et ils avaient maints seigneurs pour complices; la France était condamnée à souffrir longtemps de leurs ravages, aussi longtemps que le roi ne serait pas le souverain maître.

L'Eglise, la grande puissance morale du moyen âge, fit tous ses efforts pour remédier à tant de calamités. Elle prit sous sa défense les femmes, les vieillards, les enfants; elle couvrit de son égide les couvents, les chaumières et les tombes. Elle ne cessa de rappeler les hommes aux notions de justice et d'humanité, qui semblaient perdues; enfin elle leur imposa la trêve de Dieu, qui interdisait à tout chrétien de se battre pendant certains jours de la semaine et certaines périodes de l'année : la trêve de la semaine s'étendait du samedi soir au lundi matin, et l'année était coupée par deux longues trêves, l'une du dimanche de l'Avent à l'octave de l'Epiphanie, l'autre du mercredi des Cendres à l'octave de la Pentecôte. La trêve de Dieu fut souvent violée : elle avait pour toute sanction des peines canoniques, dont la plus terrible, l'excommunication, n'effrayait guère les brigands endurcis. On vit bien des évêques recourir aux armes matérielles, se mettre à la tête des fidèles rassemblés et marcher bravement contre les perturbateurs de la paix publique ; mais l'habitude des guerres privées était tellement enracinée, qu'elle résista à l'Eglise même et que les rois de France mirent des siècles à l'extirper.

II. — ARMÉES ROYALES

A l'époque féodale le roi unit deux qualités, celle de roi et celle de seigneur ; dans ces premiers temps il est très peu roi, et il n'est guère que seigneur, mais il grandit de jour en jour, et de seigneur devient vraiment roi.

Hugues Capet n'est qu'un duc avec un titre supérieur ; ses vassaux immédiats, les hommes de ses domaines, ne voient en lui qu'un duc, et chacun des grands feudataires de la France, ducs eux-mêmes, prétend être son égal : en principe ils sont ses vassaux, en réalité ils le bravent.

L'armée royale n'est encore qu'une armée ducale ; elle se compose principalement des tenanciers du domaine, et le domaine est petit. Si elle compte parfois dans ses rangs de grands seigneurs, comme le comte de Flandre et de Vermandois, ils se considèrent moins comme des vassaux que comme des alliés. Ils ne sont accompagnés que d'un petit nombre d'hommes : le comte de Champagne, qui chez lui a sous ses ordres 2030 chevaliers, n'en amène au roi que douze. Il faut un danger extraordinaire pour que le roi se trouve à la tête d'une armée véritable : quand Henri V, empereur d'Allemagne, menace d'envahir la France (en 1124), tous les feudataires grands et petits accourent avec leurs vassaux : aucun autre pays que la France n'eût offert un tel spectacle. Mais de tels élans étaient exceptionnels ; ces seigneurs, jaloux de leur indépendance, craignaient de se donner un maître. Aussi la royauté tient-elle peu de place encore : Louis VI, incomparablement plus fort que ses prédécesseurs, ne peut réduire le comte de Beaumont, et échoue devant le château de Montmorency, aux portes de Paris.

Le roi a entrepris de faire la police du royaume, et il manque de soldats : il jette les yeux autour de lui, et, trop fier pour solliciter ses altiers vassaux, il s'adresse à l'Église, qui respecte en lui le justicier et le vicaire de Dieu. Des bandes de paysans accourent sous la bannière royale : leurs évêques ou leurs curés les conduisent et leur inspirent un pieux enthousiasme ; elles comprennent aussi que leurs ennemis sont les ennemis du roi, et elles marchent contre eux de bon cœur. Plus d'un prêtre paya de sa personne et donna à ses paroissiens l'exemple de l'ardeur guerrière. Le château du Puiset semble inexpugnable : il se dresse sur un sommet escarpé ; il est entouré d'un fossé profond et de hautes palissades ; les milices communales et les chevaliers du roi en tentent dix fois l'assaut ; ils sont repoussés, ils vont lever le siège. Alors s'avance un pauvre prêtre chauve, sans armes, le front découvert ; il s'élance vers la palissade, l'arrache pièce à pièce sous une grêle de traits et fraye le passage aux troupes royales.

On trouverait maint exploit semblable dans l'histoire du clergé d'alors. Soutenu par de tels hommes, Louis VI se fait le juge de paix armé, le gendarme de son royaume. Les hommes des communes, alliés naturels du roi, grossissent son armée. Louis VI et Louis VII ont souvent recours à eux. Phi-

LOUIS VI FAISANT LA POLICE DE SON DOMAINE.

lippe-Auguste fixe les contingents qu'ils doivent fournir : des villes enverront des soldats, d'autres des hommes; Arras en enverra 1000; Beauvais 500; Sens, Tournai, Laon, chacune 300; Compiègne 200, etc.; le total est de 5 à 6000 hommes. Sans doute ces soldats improvisés sont loin de la perfection, mais ils font nombre, et le roi les manie à son gré : dégagé de la tradition féodale, il les retient jusqu'à quatre et cinq mois et les emmène au loin.

On voit de quels éléments se composaient les armées du roi : tenanciers et vassaux du domaine, milices ecclésiastiques, contingents des communes. Ce n'était pas tout encore : plus d'une fois le roi accepta les services des routiers, tout brigands qu'ils étaient. Incapable de les détruire, il aimait mieux les avoir de son côté que contre lui. Louis VII renforça son armée de ces dangereux auxiliaires, qui commirent tous les excès. Philippe-Auguste se servit d'eux habilement : il leur donna une forte solde, diminua leurs ravages et les astreignit à la discipline; leur chef principal, Cadoc, se signala par d'éclatants services, et de brigand devint seigneur. Ces mercenaires se rendirent utiles, mais on ne pouvait compter sur eux; ils suivaient ceux qui les payaient et changeaient de camp sans scrupule. Sur le champ de bataille de Bouvines on les trouve dans les rangs ennemis; dans la guerre des Albigeois ils sont partagés entre les deux armées.

A coup sûr l'armée royale, formée d'éléments aussi disparates, formait un ensemble d'aspect très pittoresque, propre à réjouir les chercheurs de contrastes, de couleurs vives et heurtées; mais il est certain que ces ressources étaient misérables, et c'est miracle que le roi ait fait avec aussi peu d'aussi grandes choses; son succès s'explique par la faiblesse de ses ennemis, aussi mal pourvus que lui, et par la naissance du sentiment national.

ÉPOQUE DE SAINT LOUIS

La royauté de fait s'élève peu à peu au niveau de la royauté de droit. Philippe-Auguste fait un grand pas : ses conquêtes doublent ses domaines, et par conséquent le nombre de ses vassaux ; la Normandie, à elle seule, lui vaut 581 chevaliers. Sa victoire à Bouvines consacre ses acquisitions, resserre son alliance avec les communes, humilie ses ennemis. L'œuvre de saint Louis est plus grande encore : la royauté envahit la féodalité et en devient le centre. Ces hautains feudataires que les premiers Capétiens avaient longtemps observés de loin avec inquiétude, saint Louis les voit groupés autour de lui ; il a la souveraine garde du royaume ; les officiers de sa maison sont devenus les grands officiers de l'État ; les baillis et les prévôts font pénétrer partout les volontés du roi et exécuter ses ordres.

Les institutions militaires suivent la même marche que les institutions judiciaires et financières : de féodales elles deviennent royales.

Suivons le roi chez lui : le roi est le plus puissant seigneur féodal. Son domaine agrandi comprend la meilleure partie de la France du nord et du centre ; il est le maître chez lui ; il a de l'argent et des hommes : les nobles et les roturiers de son domaine composent à eux seuls une armée redoutable. Le roi fait soigneusement dresser la liste des feudataires dans l'ordre hiérarchique, archevêques et évêques, abbés, ducs et comtes, châtelains, vavasseurs, chevaliers : il réclame à chacun sa dette. Le service à pied reçoit un commencement d'organisation. Les roturiers, tous astreints au service, forment des confréries qui sont entièrement dans la main du roi.

A ces troupes régulières, mais non permanentes, s'ajoutent des mercenaires qui forment comme une petite armée active. A la vérité le saint roi éprouve des scrupules à se servir de pareils auxiliaires, mais il les convertit au point de les rendre méconnaissables; il les répartit en compagnies de cent hommes, met à leur tête des chevaliers et réussit à les discipliner. L'armée seigneuriale du roi présente un ordre jusque-là inconnu.

Suivons le roi chez les autres. Soutenu par l'Église et par le peuple, il est devenu le suzerain des plus grands seigneurs : il est le souverain seigneur, le souverain juge, le souverain chef. Les règlements militaires sont à peu près les mêmes que ceux de l'époque précédente, mais ils sont mieux observés. Le roi est plus sévère et plus exigeant : il attaque la guerre privée comme contraire à la morale chrétienne et la remplace par la justice; il défend sur ses terres « toutes guerres, incendies, perturbations et troubles apportés au labourage », et dans le reste du royaume il fait respecter la Quarantaine-le-Roy, instituée par Philippe-Auguste, mais peu observée : ceux qui ont un sujet de querelle entraînant la guerre doivent demeurer quarante jours avant d'en venir aux mains, et les agents du roi imposent la trêve par la force quand les adversaires, pressés d'en venir aux mains, méconnaissent l'ordonnance royale.

L'amour de la paix ne l'empêche pas d'être prêt à la guerre. Le temps est loin où le roi implorait ses vassaux : les feudataires ont leurs armées à eux, mais le roi en réclame une partie; les baillis dressent le tableau des services dus au roi **par chacun** : le duc de Bourgogne amène avec lui cinquante chevaliers, le duc de Bretagne soixante, le comte de Flandre cinquante-trois, etc. ; en général le feudataire amène un chevalier sur cinq ; il n'est plus une barrière entre ses tenanciers et le roi : saint Louis atteint ses vassaux et arrière-vassaux.

Le travail d'unité n'est pas encore assez avancé pour qu'il y ait des lois à la fois précises et communes à tous ; les hommes de ce temps reconnaissent vaguement à la royauté certains droits, mais ils défendent les leurs pied à pied. De ce conflit naissent mille accommodements : autant de fiefs, autant de conditions particulières. En théorie, le seigneur qui possède un *fief de haubert* (le plus noble domaine après la baronnie), sert de sa personne ou fournit un chevalier ; les grands feudataires, prélats ou barons, qui en ont plusieurs, doivent autant de chevaliers qu'ils possèdent de fiefs, et la durée légale du service est de quarante jours ; mais la pratique n'est pas toujours en conformité avec ces principes. Certains fiefs ne doivent qu'une moitié, un tiers, un quart de chevalier, suivant la quantité de terre obligée au service militaire ; on en sait un qui doit un tiers de deux chevaliers et demi, ou, d'après notre manière de compter, cinq sixièmes de chevalier[1]. Ces particularités sont moins étranges qu'elles ne le paraissent : il suffit de les présenter sous une autre forme. Celui qui devait une moitié de chevalier envoyait assurément un chevalier tout entier, mais qui servait vingt jours au lieu de quarante ; trois cinquièmes de chevalier, vingt-quatre jours ; un quart de chevalier, dix jours ; un huitième, cinq jours. Il y en a qui ne servent qu'une seule journée. Réciproquement il arrivait parfois que le feudataire astreint à fournir plusieurs chevaliers se contentât d'en envoyer un seul,

---

1. Le vidame de Chartres doit « service par trente-trois jours pour la tierce part de deux chevaliers et demi » : deux chevaliers et demi représentent cent jours de service, dont le tiers est trente-trois.

à la condition qu'il demeurât plus longtemps auprès du roi : quatre-vingts-jours s'il comptait pour deux ; cent-vingt pour trois, cent soixante pour quatre. Ces conditions permettaient au seigneur de ne pas trop se dégarnir, au roi d'entreprendre des expéditions plus longues. Quelques-uns essayent de se racheter du service à prix d'argent : le sire de Pontfarsit prétend en être quitte pour cent sols (90 fr. environ[1]) et quelques boisseaux d'avoine ; tel autre pour quinze sols et un écuyer ; un chevalier offre de payer une fois pour toutes quarante livres tournois et une once d'or. Un autre chevalier peu belliqueux, Pierre de Clèves, consent à se rendre à la convocation du roi, mais à la condition qu'on ne lui demandera aucun service. Des barons discutent les ordres du roi : ils invoquent les us et coutumes. Leurs terres, disent-ils, ont été de tout temps exemptes du service ; s'ils se décident à amener quelques chevaliers, c'est, prétendent-ils, qu'ils le veulent bien ; ils ne s'engagent pas à en faire autant une autre fois. Souvent ils font retrancher de leur temps de service les jours pris par le voyage. A ce compte, quand il y a la France à traverser, à peine arrivé, il faut repartir. A tout prendre, il est certain que plus d'un s'exécute de mauvaise grâce : c'est qu'on ne passe pas brusquement de la révolte ouverte à l'obéissance complète, de l'indépendance à la sujétion.

En principe le feudataire doit suivre le roi partout ; en pratique, beaucoup de seigneurs refusent de l'aider dans les guerres lointaines ; d'autres ne consentent à le suivre que dans leur pays : tels sont les feudataires des comtés récemment réunis à la couronne, comme le Poitou, l'Auvergne ; tout ce qu'ils accordent au roi, c'est de monter la garde pendant quelques jours dans un de ses châteaux, s'il s'en trouve un dans les environs. Tel seigneur, de la châtellenie de Tonnay-Boutonne, est encore plus avare de son temps et de ses pas : il

---

1. Ces évaluations ne peuvent être qu'approximatives ; elles servent du moins à montrer combien la valeur de l'argent a changé.

ne donne au roi qu'une journée par an, depuis le lever jusqu'au coucher du soleil : il est spécifié qu'il pourra être rentré chez lui le soir. De pareilles expéditions mettaient sa vie peu

SEIGNEUR FÉODAL SORTANT DE SON CHATEAU.

en danger : à moins de se briser la tête en tombant de cheval, il lui était difficile de verser son sang pour le roi son seigneur. « C'était au roi, dit spirituellement M. Wallon[1], de prendre son champ de bataille dans la châtellenie de Tonnay-

1. *Saint Louis et son temps.*

Boutonne et de faire vite. » Par bonheur le roi trouve des cœurs vaillants, et maints seigneurs le suivent de leur plein gré jusque dans ses croisades.

Dans ces guerres lointaines le seigneur est défrayé de ses dépenses : il semble même admis en général qu'en dehors de la seigneurie les frais de service sont à la charge du roi.

Saint Louis, qui prend la société telle qu'elle est constituée, n'entreprend pas de détruire toutes ces coutumes particulières : il les sait trop fortement enracinées dans le sol féodal pour tenter de les extirper. La féodalité, forte du passé, la royauté, forte de l'avenir, ont toutes les deux leurs droits : saint Louis respecte ceux des feudataires, pourvu que ceux-ci reconnaissent les siens. Il leur permet d'être chez eux des seigneurs, mais il exige qu'ils soient ses vassaux : il les laisse commander, à la condition qu'ils sachent obéir.

Il n'est pas encore très exigeant, mais il veut avoir le peu qu'il demande, ne fût-ce qu'une journée de service. Il les convoque une fois l'an et les force à se rendre à son appel : celui qui répond à sa convocation fait un acte de soumission, et chaque fois qu'il obéit c'est comme l'hommage qu'il renouvelle : de feudataire il devient sujet. Celui qui manque à l'appel est puni; le châtiment est l'amende, proportionnée au nombre de jours manqués et réglée suivant la qualité des personnes : un baron paye par journée cent sols de dépens et cinquante d'amende; un simple chevalier, dix sols de dépens et cinq sols d'amende. Le roi veut encore qu'ils abaissent devant lui le pont-levis de leur château : il leur fait jurer sur l'Évangile de lui ouvrir leurs portes à la première réquisition; il mettra garnison chez eux, s'il le juge nécessaire. De ces droits il use rarement : il lui suffit de les avoir fait reconnaître; on saura qu'on ne peut se garder de lui, qu'il a le droit de se faire ouvrir toutes les portes et qu'il est chez lui partout. Les règlements militaires de saint Louis ne sont donc pas illusoires : les seigneurs sont astreints au service, mais ils sont traités conformément à leur rang; pour eux le service militaire est à la fois une charge et un privilège.

L'armée du roi est encore renforcée des milices des églises et de celles des communes du royaume. Les abbayes lui fournissent des hommes ou des chariots; les abbesses ne sont pas plus exemptes de ces charges que les abbés; presque tous les prélats de France fournissent des troupes : l'Église aide le roi de ses hommes et de son argent.

Les communes étaient comme autant de petits gouvernements : elles avaient le droit de guerre et étaient organisées militairement; entourées de fortes murailles, elles se tenaient toujours en état de défense, sachant que leur salut dépendait de leur organisation militaire; on avait même vu de ces bourgeois, les Périgourdins par exemple, marcher contre un seigneur du voisinage, l'assiéger dans son château et le réduire. Le roi vit dans les communes des alliées utiles : depuis le milieu du XIII° siècle toutes furent tenues à l'*ost* envers le roi, dans les guerres royales comme dans les guerres nationales; beaucoup de communes se rachetèrent chèrement de cette obligation; les autres fournirent régulièrement le contingent fixé, qui se rendait à l'appel du roi, son maire et ses échevins en tête. Le rôle des milices communales ne fut pas très important : il n'en marque pas moins dans l'histoire l'avènement de ces classes moyennes **qui formèrent le tiers état**.

Seigneurs et roturiers du domaine, mercenaires, feudataires avec leurs vassaux, milices ecclésiastiques et communales, tels sont les éléments divers qui composent les armées de saint Louis. Les officiers qui les commandent sont le grand connétable, chef naturel des chevaliers, et deux maréchaux institués par Philippe-Auguste; les troupes soldées reçoivent un chef spécial, personnage considérable qui s'appelle le maître des arbalétriers. Au-dessus de tous est le roi, chef national. La féodalité chancelle sur sa base.

ÉPOQUE DE PHILIPPE LE BEL

Aucun roi n'a accompli plus de réformes que Philippe le Bel : placé entre le moyen âge qui finit et le monde moderne dont il est le précurseur, il donne à la royauté une face nouvelle. Révolutionnaire et tyrannique, il l'affranchit de l'aristocratie féodale, il l'affranchit du pape; il taxe arbitrairement les peuples, il supprime les Templiers qui le gênent, il entre partout, il règlemente tout, jusqu'aux robes qu'une femme peut avoir dans sa garde-robe et jusqu'aux plats qu'un seigneur peut manger. Les contemporains eurent à souffrir de ses violences, mais les générations suivantes recueillirent le fruit de ses institutions fécondes.

Une des grandes réformes de Philippe le Bel fut de supprimer en partie le service personnel, trait principal de la féodalité, et d'y substituer l'impôt payé par tous, trait essentiel des sociétés modernes. Les armées manquaient d'unité; les paysans arrachés à leur famille faisaient de pauvres soldats, et le patriotisme n'était pas là pour les soutenir; enfin les traditions féodales paralysaient l'action du roi : que faire en quarante jours avec des vassaux peu soumis, impatients de rentrer chez eux? Philippe le Bel, songeant à des guerres longues et lointaines, imagina de les remplacer par des soldats de profession. Les hommes ne manquaient pas : il s'agissait de trouver l'argent nécessaire pour les acheter; mais le peuple, saigné aux quatre veines, était peu disposé à payer encore. Philippe le Bel ne commit pas l'imprudence de lui confier ses desseins : il commença par réclamer bien haut ses droits, et, pour empêcher qu'on ne les oubliât, il les affirma de temps en temps par des levées en masse : pendant la guerre de Flandre, où il a d'ailleurs besoin de troupes nombreuses, il convoque « toute manière de gens qui pourront porter armes, nobles ou non », et il déclare que le service lui est dû par tous, de dix-huit à soixante ans. Il passe des paroles à l'action : il appelle sous les armes presque tous les nobles et tous les roturiers possédant quelque bien, six hommes pour cent feux. Il les emmène contre les Flamands, terribles adversaires qui en jettent bon nombre sur la place. Il n'a pas emmené seulement les Français du nord : les Languedociens ont marché comme les autres; il ne s'astreint pas à les renvoyer au bout de quarante jours : quatre mois s'écoulent avant qu'il songe à les laisser partir. Mais ni ces bruyantes ordonnances, ni ces actes d'autorité n'ont en général d'autre objet que d'imposer à la nation le respect et la crainte de la royauté. S'il appelle tant d'hommes sous les armes, c'est moins pour se servir d'eux que pour montrer sa toute-puissance. L'armée qu'il veut, c'est non cette cohue de nobles, de bourgeois et de paysans peu aguerris et peu disciplinés, mais une troupe régulière de soldats. Le premier de nos rois, Philippe le Bel va se trouver assez riche pour payer une armée et pour l'entretenir, et, chose surprenante, il se donnera l'air de soulager ses peuples alors qu'il les chargera davantage.

Son système consista à généraliser ce qui n'était avant lui qu'exception, à remplacer l'impôt du sang par un impôt en argent; mais il accomplit sa réforme doucement et sans bruit : il donna le change à ses sujets; il n'eut garde de supprimer les anciennes règles; il fit de fréquents appels, et toutes les exceptions qu'il accordait n'étaient en apparence que des concessions exceptionnelles. Il semblait animé d'une touchante sollicitude pour le bien-être de ses peuples : au fond il ne songeait qu'à leur prendre leur argent, et les exemptions qu'il paraissait se faire arracher, c'était lui qui les provoquait. Il s'était fait marchand d'exemptions : il cherchait partout des clients et leur faisait ses offres. Son dessein nous est révélé par ses lettres secrètes aux baillis et aux sénéchaux : le mot d'ordre est d'obtenir le plus de rachats possible, tout en se faisant prier, et d'en tenir le prix très haut, afin de recueillir beaucoup d'argent. Tous les agents du roi étaient employés à cette œuvre de pression : ils montraient aux peuples « comment par ce moyen de *finer* (financer) ils seraient hors de péril de leurs corps, des grandes aventures, fatigues et doléances... et pourraient en toute paix garder leurs maisons et leurs terres administrer ». Peu à peu toutes les communes, puis les autres villes et les villages obtinrent la faculté de se racheter : le roi ne leur demanda que deux sous (environ 1 fr., 50) par homme et par jour. Beaucoup de particuliers s'exemptèrent à leur tour, les roturiers en payant en général le cinquantième de leurs biens, les nobles moyennant la moitié de leur revenu. Quelle décadence pour le régime féodal ! Le chevalier n'était plus jugé nécessaire : il voyait ses services dédaignés et pouvait demeurer chez lui comme un bourgeois ; les temps étaient changés : le service militaire redevenait un impôt, comme à l'époque de l'empire romain.

Grâce à tant d'habileté, Philippe était à peu près débarrassé de cette armée féodale dont il faisait fi et pourvu, en revanche, de gros sacs d'écus : on pourrait le comparer à un bourgeois qui, héritant d'un château monumental et de jardins immenses, vendrait le tout pour acheter des champs productifs et une maison d'entretien facile.

Avec son argent Philippe le Bel soudoya de nouvelles troupes : des nobles à l'humeur batailleuse lui vendirent leurs

BATAILLE DE COURTRAI (1302).

services; les bannerets recevaient vingt sous par jour (15 fr. environ) et les chevaliers dix ; ils entretenaient à leur suite un certain nombre de serviteurs. Beaucoup d'anciens routiers, beaucoup d'hommes des communes vinrent aussi s'offrir : l'arbalétrier reçut trois sous par jour, le varlet deux sous (1 fr., 50); cette solde devait suffire à tout, à l'armement, à la nourriture, à l'entretien. Le butin augmentait les ressources du soldat.

Philippe fit aussi des traités avec des nobles étrangers : il leur promettait, en échange de longs services, une pension à vie avec un fief; beaucoup de feudataires allemands, toujours besoigneux, mirent leur épée au service du roi de France; ils servaient dans la cavalerie. Philippe renforça aussi son infanterie de bandes étrangères : les Génois lui fournirent d'adroits archers.

Cette armée soldée avait plusieurs inconvénients : elle coûtait très cher, et, dès que l'argent manquait, les soudoyés, qui ne servaient que par intérêt, redevenaient *routiers* et mettaient le pays à feu et à sang. Plus d'une fois le roi fut réduit à combattre à l'aide de ses troupes féodales son armée de mercenaires: en 1312 une bande mal payée s'était soulevée et avait commis tant d'excès et de meurtres que Philippe en fit pendre cinq cents d'un coup. L'exigence de ces incendiaires explique l'avidité de Philippe, et l'on comprend qu'il ne les ait pas toujours payés en monnaie irréprochable[1]. Ces troupes payées avaient nécessairement un autre défaut : elles étaient peu nombreuses. Elles suffisaient pour de petites expéditions, mais les grandes guerres exigeaient le concours des troupes féodales. La réforme militaire de Philippe le Bel n'eut donc pas un plein succès; c'est seulement à la longue que de telles institutions peuvent s'approprier à la société. Il n'en avait pas moins hâté les progrès de la royauté. Il n'avait qu'à payer

---

1. Non en fausse monnaie, mais en *faible* monnaie.

régulièrement ses mercenaires pour trouver en eux des serviteurs dévoués, prêts à châtier ses ennemis, les seigneurs au besoin, les évêques et les abbés trop zélés pour la cause du pape, ou même les communes trop attachées à leurs privilèges. Enfin la réforme de Philippe le Bel, sans être à coup sûr inspirée par la philanthropie, se trouva avoir pour résultat le soulagement des peuples : ils furent moins souvent traînés aux guerres lointaines, l'agriculture et l'industrie comptèrent plus de bras, il y eut moins de mendiants, moins de veuves et d'orphelins. La nation commença à respirer.

ÉPOQUE DE LA GUERRE DE CENT ANS

I

L'époque de la guerre de Cent Ans est la plus douloureuse de notre histoire : la société française y reste stationnaire, ou, si elle se meut, c'est en rampant à travers les ruines du passé ; elle s'agite sans résultat ; l'esprit chevaleresque, cette âme qui vivifiait la féodalité, s'affaiblit et dégénère ; mille réformes sont tentées, toutes échouent. La honte est égale à la misère, et dans cette confusion inouïe on ne distingue que la décadence de la noblesse et la défaillance de la royauté.

Les défaites suivent les défaites. Ce n'est pas que la France manque de défenseurs : son armée est nombreuse et brillante ; on y compte au début soixante mille hommes des communes, quatre mille chevaliers, trente-six comtes, six ducs et quatre rois : Philippe de Valois et ses alliés les rois de Navarre, d'Écosse et de Bohême. Elle est deux fois plus considérable que l'armée anglaise et pour le moins aussi brave, mais elle manque des qualités les plus nécessaires, de discipline et de cohésion. Jaloux les uns des autres, les chevaliers prétendent tous au commandement et chevauchent « sans arroi et sans ordonnance » ; égoïstes et fous d'orgueil, ils se croient souillés au contact des troupes roturières ; nobles, ils méprisent « ces courtauds de boutiques » ; riches, ils font fi de ces pauvres ; cavaliers, ils insultent cette « piétaille ». Leur arrogance leur avait déjà valu le désastre de **Courtray**, en 1302, choqués de la bravoure des milices qui combattaient devant eux, ils s'étaient élancés au galop et leur avaient passé sur le corps ; les roturiers ne s'étaient pas relevés, et les nobles étaient allés culbuter dans un canal. La leçon ne leur profita pas : ils commirent la même faute en présence des Anglais, et essuyèrent à Crécy une défaite plus honteuse encore. Cette fois, le roi de France leur donna l'exemple de la folie : les archers génois combattaient en première ligne ; décimés par les flèches anglaises, ils reculèrent ; la noblesse saisit ce prétexte pour se jeter sur eux. « Or tôt, commanda le roi, tuez toute cette *ribaudaille*, car ils nous empêchent la voie sans raison. » La cavalerie s'élança sur eux et les traversa, mais elle n'entama pas les lignes ennemies. Chacun combattit vaillamment ; le roi de Bohême, onze princes, treize cents chevaliers et trente mille soldats restèrent sur le champ de bataille (1346).

Après Crécy Poitiers. Le Prince Noir s'était retranché sur un coteau impraticable à la cavalerie ; on ne pouvait l'attaquer que de front, par un chemin creux et étroit ; s'y engager, c'était courir à un désastre. Les chevaliers s'y élancèrent pourtant, emportés par leur bouillante ardeur ; mais, reçus par une grêle de flèches et chargés en flanc, ils faiblirent tout comme les Génois de Crécy, et, rebroussant chemin à la hâte, ils jetèrent le désordre dans le reste de l'armée. La résistance fut héroïque, mais ne fit que retarder la défaite. Le roi demeura prisonnier avec deux mille chevaliers ; onze mille hommes, la fleur de la chevalerie, restaient couchés sur le champ de bataille (1356).

L'aristocratie avait reçu pour la troisième fois une terrible blessure. Les chevaliers qui retournent chez eux sont accueillis par des murmures et des malédictions ; c'est que le peuple, jusque-là résigné, commence à perdre patience ; il s'indigne contre cette caste insolente et fastueuse qui s'est chargée de le défendre et qui ne mérite plus ses privilèges par ses services. Toutes les haines refoulées durant des siècles se font jour alors; toutes les atrocités sont commises dans ce débordement de vengeances; l'anarchie est effroyable. Mais la féodalité, puissante encore, reprend facilement le dessus, et les serfs, forçats un moment déchaînés, retournent pour longtemps à leurs chaînes.

Ce nouvel avertissement ne guérit pas encore la noblesse; elle s'expose aux mêmes défaites militaires et sociales. Charles V prend la guerre et la royauté au sérieux; habile et fort, il réagit contre la chevalerie, il lui interdit les batailles, la plie à la guerre d'escarmouches et de sièges, lui impose vingt années de discipline et d'obéissance. Grâce à lui, la France sort de l'opprobre : servi par Duguesclin, il remet l'ordre dans l'État, relève la royauté, extermine les brigands et chasse les Anglais. Mais à sa mort la France, en proie à la réaction, retombe dans la misère; les nobles croient leur temps revenu. Faute d'une guerre contre les Anglais, ils vont chercher un champ de bataille jusqu'en Bulgarie, à Nicopolis, s'y comportent comme à Crécy et tombent au pouvoir des infidèles (1396). Plus tard enfin, en 1415, ils font preuve de la même présomption et de la même incapacité. La guerre contre l'Anglais s'était rallumée : la ville de Paris avait armé dix mille arbalétriers, tous bourgeois choisis qui pouvaient donner un bon coup de main; la noblesse les accueillit par des injures et les renvoya : « Quel besoin avons-nous de ces boutiquiers? » Ce dédain produisit Azincourt: la noblesse n'obéissait ni au connétable ni aux maréchaux; elle s'empêtra dans un marais, et les Anglais n'eurent que la peine de l'égorger. Elle s'était perdue encore une fois de gaîté de cœur, et avait compromis la France avec elle; il était évident qu'elle n'était plus à la hauteur de sa tâche : Crécy, Poitiers, Nicopolis, Azincourt, tels étaient ses titres depuis un siècle.

Une autre cause d'un ordre différent vient encore lui porter un coup terrible : l'usage des armes à feu l'atteint dans

JEAN A POITIERS.

la seule supériorité qui lui restait, celle de l'armement. A la vérité les premiers canons, pièces de fer réunies par des cercles, font plus de bruit que de mal; mais ils se perfectionnent : les boulets vont renverser les murailles les plus massives, les balles vont trouer les cuirasses les plus épaisses. Le temps n'est plus des châteaux imprenables et des guerriers invulnérables. Cependant les chevaliers, dans leur aveuglement, tiendront à l'armement qui ne les dé-

L'ARTILLERIE A CRECY.

fend plus comme aux privilèges dont ils ne sont plus dignes. Toujours fanfarons, ils voudront, comme Don Quichotte, ressusciter un passé qui n'est plus; ils dédaigneront longtemps les armes nouvelles, comme ils dédaignent les soldats nouveaux; ils se riront du canon et de l'arquebuse, peu chevaleresque, comme ils se rient des paysans sans généalogie. Mais en face du chevalier, bon pour les tournois, se dressera le soldat moderne, apte à la guerre; il faudra mettre au rebut brassards, cuissards et gantelets, casques fermés et toute la ferraille, tant qu'enfin il faudra mettre au rebut le cheva-

CHEVALIERS BARDÉS DE FER.

lier lui-même. La force passera à des bras moins robustes, mais mieux armés. Le progrès élève ceux qui l'acceptent.

Malgré toutes ses fautes, la noblesse n'est pas seule responsable des désastres de la guerre de Cent Ans. Si la noblesse est en décadence, la bourgeoisie et le peuple ne sont pas constitués. En 1338 Philippe de Valois fait un appel général pour la défense du royaume et proclame le *ban*, « auquel tous sont tenus d'aller sous peine de leur corps ». Mais il ne suffit pas, pour réunir tous les hommes valides d'un pays, de lancer un manifeste : une telle opération exige un mécanisme compliqué, œuvre d'une longue préparation. Après un nouvel échec, Philippe réduit ses demandes et les précise ; il exige un homme par cinq feux, ou par deux feux, et jusqu'à un homme par feu. Il autorise le rachat, et l'obligation militaire dégénère de nouveau en un impôt, considérable il est vrai, mais que Philippe et ses successeurs détournent trop souvent de sa destination. Charles V seul fait exception parmi les rois égoïstes ou incapables de cette triste époque ; il demande moins d'argent et il en fait meilleur usage. Il lève et organise des milices ; mais malheureusement les roturiers sont encore peu aguerris, indisciplinés et mal armés ; dédaignés par la noblesse, quelquefois par le roi lui-même, ils manquent de confiance et se découragent ; l'ennemi les disperse et les massacre.

Sans doute on voit des roturiers combattre avec bravoure, des gens sans ancêtres sacrifier courageusement leur vie ; les bourgeois de Calais bravent la colère du roi d'Agleterre et consolent la France de Crécy. Les villes se mettent en état de défense, s'entourent de remparts et s'apprêtent à la résistance. Toute la population valide est sur pied ; les citoyens s'organisent en confédérés, forment des compagnies, font le guet jour et nuit sur les remparts. Ils vont jusqu'à fournir volontairement au roi de petites troupes de bourgeois qu'ils arment et entretiennent à leurs frais. Les campagnes ne montrent pas moins de résolution ; les paysans se réunissent en grand nombre, s'arment de faux et de bâtons, se donnent un chef et courent sus à l'Anglais. L'histoire a conservé le souvenir de ce pauvre paysan picard, le Grand Ferré, qui à lui seul mit en fuite toute une bande de pillards, et qui, malade, se levait de

LE GRAND FERRÉ.

son lit pour assommer ceux qui s'approchaient. Il y eut certainement beaucoup de Grands Ferrés dont l'histoire ne sait pas les noms et dont les exploits sont demeurés sans gloire.

La France, au contact des Anglais, commence à prendre conscience d'elle-même. Duguesclin, prisonnier et invité par le Prince Noir à fixer lui-même sa rançon, l'avait portée fièrement à un prix très élevé, à 100 000 livres. « Et où les prendrez-vous, Bertrand? demanda le prince. — Si le roi de France, répondit Duguesclin, ne peut suffire à les payer, il n'y a fileuse en France qui ne filât une quenouille pour payer ma liberté. » Le patriotisme est né, mais il sommeille encore ; le sentiment qui excite les courages est moins l'amour ardent de la France que le désir de n'être pas tué, de défendre sa maison ou sa ville. Ce patriotisme est local; il enfante déjà de grandes choses, mais il n'est pas ce feu sacré qui donne à l'homme une force plus qu'humaine.

II

La guerre de Cent Ans avait pris la France au dépourvu. Les troupes féodales n'étaient pas faites pour la grande guerre : elles étaient bonnes pour les expéditions courtes, les chevauchées et les surprises ; elles ne pouvaient défendre la France contre les Anglais.

Dès le commencement de la guerre, l'exiguïté du cadre féodal apparut à tous les yeux : il fallut créer des ressources nouvelles. Philippe de Valois, imitant Philippe le Bel, enrôla des chevaliers qui s'engageaient à servir de leur personne et à entretenir quelques hommes à leur suite. C'est en 1335 qu'il fait appel pour la première fois « aux hommes braves qui veulent faire bonne guerre aux Anglais » : le banneret recevra quarante sous par jour (une cinquantaine de francs au moins), le simple chevalier dix, l'arbalétrier trois. Alors accourent des aventuriers de toute classe, moins tentés par la solde que par le butin; le roi les divise en troupes de vingt, trente, cinquante hommes au plus, auxquelles il impose un capitaine de son choix. Le roi Jean donne à ces petits corps la cohésion : il diminue le nombre des groupes et rend chacun d'eux plus compact : on appelle ces bandes les *grosses routes* ou les *grandes compagnies*. Le règne du roi Jean est l'apogée de leur splendeur. Telle compagnie atteint plusieurs milliers d'hommes, chevaliers, écuyers, archers, valets et goujats; les chevaliers et les écuyers sont en général des cadets de famille ambitieux et pauvres, cerveaux brûlés qui ne trouvent qu'à la guerre le moyen de s'enrichir et de satisfaire leurs passions; les archers sont en général nobles aussi, mais trop pauvres pour s'acheter un équipement complet. Au dernier rang viennent tous les petits désireux de monter, tous les affamés qui flairent la bonne chère, tous les gens sans aveu, sans foi ni loi, sans feu ni lieu, tous les va-nu-pieds que tente la fortune ou qui trouvent trop long le chemin du travail. A ces mobiles bas et grossiers se joint l'ardeur du sang, la soif des combats et des aventures; l'humeur des hommes de ce temps est encore inquiète et vagabonde, impatiente de la vie sédentaire.

On est habitué à considérer ces bandes comme des associations de brigands. Il est certain qu'elles ne sont pas composées de l'élite de la société, mais en principe elles sont organisées pour la guerre et non pour le vol. Dans ces temps agités la violence est dans les mœurs : la force du corps est un capital qui rapporte plus que celle de l'esprit; beaucoup d'hommes n'ont pour gagne-pain qu'un bras vigoureux prêt à frapper pour de l'argent. La guerre est l'unique pensée des nobles : un chef entreprenant rassemble autour de lui quelques aventuriers, et quand il peut répondre d'eux, il vend ses services au plus offrant : le service militaire ainsi entendu est comme une entreprise de commerce.

Les grandes compagnies ne sont pas des multitudes désordonnées comme les bandes de routiers du XII° siècle ; le chef de compagnie, le patron est revêtu d'une autorité absolue : il rend la justice ; tous lui obéissent aveuglement, comme s'il était leur seigneur, et quand une partie est décidée, ils rivalisent d'ardeur dans le travail, « avides de gagner leur vie aux dépens d'autrui ». Les chevauchées se font surtout la nuit ; la besogne terminée, il ne reste qu'à partager le butin ; tout se passe avec la plus grande équité, comme entre gens d'honneur : on commence par vendre tout ce qu'on peut, et le chef, en commerçant loyal, donne des sûretés aux acheteurs ; la compagnie possède un trésorier qui tient exactement les recettes et les dépenses. Un conseil, dit conseil des prises, avec scribes et secrétaires, fait les parts et les distribue : tous les objets ou animaux qui ne peuvent se vendre sur-le-champ sont partagés entre les hommes avec la plus scrupuleuse justice, en proportion du grade et du mérite, depuis le lot du simple goujat jusqu'à la part du capitaine ; le butin se compose des éléments les plus divers, assortis à souhait.

Ces aventuriers n'ont peur de rien. « Ce sont, dit un historien du temps, des gens qui n'estiment pas leur vie seulement à la valeur d'une angevine. » (Il fallait quatre *angevines* pour faire un denier.) Disciplinés et braves, ils valent mieux que l'armée féodale ; ce ne sont pas eux qui comptent les jours et qui aspirent à la fin de leur temps : l'état normal est pour eux la guerre, c'est leur métier et leur vie. Ils voient sans chagrin les opérations se prolonger : une trop prompte victoire dérangerait leurs vues ; souvent on les voit refuser de combattre, non par couardise, mais pour faire durer la guerre : le pire fléau est pour eux la paix. La lutte entre la France et l'Angleterre rend leur industrie prospère ; mais pendant les trêves le roi n'est pas assez riche pour continuer à les entretenir ; il n'a plus besoin d'eux : il les licencie. Après la richesse vient la misère ; après la joie la

faim. Quelle chute! Tout à coup les voilà à pied, sans ressources, comme des ouvriers dont l'atelier ferme; le capitaine n'est plus qu'un entrepreneur ruiné et failli. Que
vont-ils faire? Retourner dans leurs foyers et se livrer aux
travaux des champs? Mais ils n'ont pas de foyers et la vie
paisible les épouvante. Il ne leur reste qu'un parti : de soldats ils se font brigands ; les défenseurs de la France deviennent ses pires ennemis. Ils feront en temps de paix ce
qu'ils faisaient en temps de guerre : ils vivront de rapines et
pilleront indifféremment amis et ennemis; s'il n'y a plus
d'Anglais à combattre, on trouvera toujours des paysans à
dépouiller, des couvents à forcer, des villes à rançonner; les
grandes compagnies se moquent des ordres du roi et de ses
menaces ; qu'il essaye donc d'employer la force ; tout le pays
est à leur merci.

C'est surtout après le traité de Brétigny que ce fléau se dé-
chaîne sur la France : les deux pays ont licencié leurs bandes ;
des milliers d'aventuriers se trouvent sans ouvrage ; mais ils
n'entendent pas renoncer à un métier aussi lucratif, et, au
lieu de se combattre les uns les autres, Anglais et Français,
vainqueurs et vaincus de Crécy et de Poitiers fraternisent
comme larrons en foire. Anglais, Allemands, Brabançons,
Flamands, Bretons, Gascons, tous réunis « par désir de piller
sur le bon et plantureux pays de France », donnent la main
« aux mauvais Français appauvris par les guerres ». Il se
forme de formidables associations, de vastes entreprises de
pillage; la peste noire n'est pas un fléau plus redoutable. La
guerre étrangère est à peine finie que commencent des horreurs nouvelles. Le paysan qui a échappé à l'ennemi n'é-
chappe pas aux brigands; on le saisit, on le menace, on le
bat, on le torture; qu'il donne tout ce qu'il possède, ou il
périt dans d'atroces souffrances. Les bourreaux sont habiles
à délier les langues; partout où ils passent, ce ne sont que
cris de détresse et d'angoisse; leur chemin est marqué par

l'incendie et par le sang; ils emmènent avec eux les prisonniers riches, hommes et femmes, dont ils espèrent une grosse rançon; la licence est sans bornes dans ce ramas de pillards sensuels et cruels que rien ne contient, que rien n'effraye.

En vain le pape lance contre eux bulles, anathèmes, malédictions, exécrations; en vain il les voue à l'enfer, d'où ils viennent, et leur promet le feu pour l'éternité: ils se rient de Dieu comme du diable, et dans l'attente du châtiment dont on leur parle, ils brûlent les moines dans leurs couvents. En vain les bourgs jusqu'alors ouverts, les villages et les maisons même s'entourent de remparts et de fossés; les dix mille villes ou villages murés, les cinquante mille maisons ou châteaux fortifiés qui hérissent le sol de la France ne peuvent recevoir tout le monde, et les villes même, derrière leurs murs, ne sont pas toujours en sûreté.

Contre ces bandes forcenées que pouvait le roi de France? Quelle armée avait-il pour les combattre? Charles V n'entreprit pas de les détruire lui-même, mais il trouva un moyen habile de s'en débarrasser pour un temps. C'était le moment où Henri de Transtamare et Pierre le Cruel se disputaient le trône de Castille. Duguesclin, populaire par ses exploits, fut chargé par le roi de conduire les grandes compagnies en Espagne au secours d'Henri de Transtamare. Charles V espérait qu'elles n'en reviendraient pas. Étrange époque, où le roi cherche à se débarrasser de sa propre armée! Les brigands donnèrent dans le piège: ils suivirent Duguesclin et traversèrent la France sans trop de désordre; ils se bornèrent à rançonner le pape dans Avignon et à lui arracher l'absolution de leurs péchés. La guerre d'Espagne réduisit un peu leur nombre; mais, une fois gorgés de butin, presque tous abandonnèrent leur chef et se jetèrent de nouveau sur la France. Beaucoup d'entre eux offrirent leurs services aux Anglais; peu leur importait la cause qu'ils défendaient: ils ne cherchaient que des coups à faire.

Nous avons l'histoire de plusieurs de leurs chefs. Geoffroi de Penne est un des plus entreprenants capitaines de compagnies : on le trouve d'abord au service de la France en Normandie et en Guienne ; il est blessé à Poitiers en 1356 et em-

DUGUESCLIN.

mené prisonnier en Angleterre ; mais il s'échappe. La Bretagne est en guerre : Geoffroi se rend en Bretagne, et, poussé par son humeur changeante, il y combat successivement pour le parti français et pour le parti anglais. A quelque temps de là il se met au service du comte de Flandre et pille les Flamands comme les Bretons ; l'année suivante nous le rencontrons à Toulouse : l'histoire ne nous dit pas quelles y furent ses occupations, mais il est permis de les deviner. Après avoir passé la Manche et servi l'Angleterre, il se dégoûte d'être aux gages des autres: il se met à son compte et s'établit brigand ; il commet tous les excès imaginables, et sa fortune s'accroît rapidement. Le dauphin Charles, alarmé, veut se saisir de sa personne et envoie contre lui le duc de Bourbon ; mais l'armée royale est battue à Brignais par ce diable déchaîné (1361); le duc de Bourbon est tué: le brigand se rit du gendarme.

Arnaud de Cervolle, dit l'Archiprêtre, est le plus populaire de ces aventuriers. Il est pris à Poitiers comme Geoffroi de Penne: il se rachète du fruit de ses rapines, lève une bande nouvelle, dévaste la Provence, la Bourgogne, rançonne le pape, pille Langres, Nevers et Lyon, se bat pour le roi et contre le roi. Il intervient dans toutes les grandes affaires d'alors et, favorisé par la fortune, il devient l'allié du roi, son conseiller et son lieutenant général en Berry et en Nivernais ; il partage le commandement de l'armée avec Duguesclin et reçoit le titre de chambellan; il épouse l'héritière d'une grande famille et vit heureux et respecté, alors qu'il mérite d'être pendu. Il a de dignes émules dans Seguin de Badefol, Croquart, Foulques de Laval, Perrot de Savoie, dit le Petit-Meschin, Eustache d'Auberchicourt, et cent autres chefs.

La *Chronique de Saint-Denis* nous permet de suivre une de ces bandes pas à pas dans un de ses capricieux itinéraires. Revenue d'Espagne en 1368, la compagnie commence par s'établir en Guienne, dans des châteaux où elle vit royalement; elle visite ensuite l'Auvergne et le Berry; en février 1368 elle passe la Loire et se dirige vers le Mâconnais, riche en vins ; mais le duc de Bourgogne a fermé les portes de ses villes; les paysans se sont cachés dans des souterrains ou au fond des bois: la campagne est dépeuplée, les étables sont désertes, les granges vides. Nos soudards sont réduits à jeûner plusieurs jours, la faim les presse, force leur est d'attaquer des lieux fortifiés : ils prennent d'assaut l'église de Cravant et celle de Vermanton, et les mettent à sac. Puis ils se divisent pour mieux subsister : une partie, forte de 800 hommes d'armes et de 10 000 personnes, passe l'Yonne et pénètre dans le Gâtinais ; l'autre, composée de 4000 combattants et d'une foule de 20 000 personnes, traverse la Champagne et s'empare d'Épernay. Ils s'enrichissent par le pillage, puis par le prix qu'ils mettent à leur départ. En avril 1368 les deux parties, réunies dans la Brie, adoptent un plan de campagne : on se dirige vers Châlons ; les villes de Champagne achètent de nouveau leur salut. La grande compagnie se rabat alors vers l'ouest, passe impunément près de Troyes, prend Montargis, Étampes, et s'approche de Paris. Charles V, en proie à la plus vive inquiétude, appelle en toute hâte ses réserves d'hommes d'armes, profite habilement des défiances des Anglais et des Gascons et réussit à désunir la compagnie. Les Gascons se retirent. Les Anglais se dirigent vers la basse Normandie : on se décide à surprendre Vire ; une cinquantaine des plus hardis, déguisés en paysans, gagnent les portes, tuent les portiers ; la compagnie accourt et la ville est prise (août 1368) ; mais la citadelle refuse de se rendre et défie toute attaque. Charles V tient à la sauver : Pierre de Villiers est dépêché en Normandie pour se concerter avec le commandant de la province ; mais il n'ose attaquer un ennemi aussi déterminé, et prend le parti de traiter : on payera à la compagnie 2200 livres d'or, sans compter les rançons particulières, et on lui rendra tous ses prisonniers. La compagnie, gorgée de butin et d'argent, se retire le 13 septembre et reprend son existence errante.

Ainsi ces aventuriers ne se contentaient pas de désoler les campagnes et d'épouvanter les petits : ils étaient assez forts pour prendre des villes et faire trembler le roi de France. C'était pendant la paix qu'ils exerçaient le plus de ravages ; en temps de guerre ces brigands faisaient de bons soldats et rendaient plus de services que les troupes féodales. Il s'agissait de discipliner leur humeur vagabonde, de dompter leurs instincts brutaux et de leur mettre au cœur l'amour de la France.

III

Le traité de Troyes est la date la plus triste de notre histoire : la France y est trahie par tous ceux qui doivent la défendre ; jamais elle n'est tombée si bas, elle semble conquise et perdue. Mais cette crise est une épreuve : en proie à la guerre, au brigandage, à la peste, notre pays refuse de mourir et se relève par un suprême effort. C'est que la France est devenue une patrie au contact de l'étranger et a pris conscience d'elle-même : alors au fond des cœurs naît un sentiment nouveau, qui fait la force des nations et des armées, le patriotisme.

Ce sont des cœurs roturiers qui commencent les premiers à battre. Charles VII, le roi de Bourges, est enseveli dans l'indolence, et la noblesse plongée dans de basses intrigues. Le peuple s'est retrempé dans la souffrance : abandonné par ses anciens protecteurs, dépouillé et battu, il s'est jeté entre les mains de Dieu et sa foi a grandi avec son tourment. Orléans arrête l'armée anglaise ; mais ce n'est rien encore que le dévouement d'une ville : le temps est venu où le patriotisme ardent, où la foi qui agit va s'incarner dans une frêle paysanne, dans une jeune fille de vingt ans, la plus touchante figure de notre histoire.

Le peuple ne distinguait pas le roi de la patrie : pour lui la France, c'était Charles VII ; on l'aimait, on l'adorait, on lui prêtait toutes les qualités, toutes les vertus. Jeanne d'Arc sentit son cœur s'agiter dans sa poitrine. « Je dois sauver la France, dit-elle ; guerroyer contre le saint royaume de France, c'est

JEANNE D'ARC A ORLÉANS.

guerroyer contre le roi Jésus. » Jeanne entreprit de sauver le roi ; elle alla à lui, le reconnut sans l'avoir vu jamais et parvint à l'entraîner, lui et toute sa cour : Orléans fut délivré. Alors la France revint à la vie : le peuple se reconnut dans la paysanne, il l'appela fille du ciel et mit sa confiance en elle et en Dieu. Les Anglais sentirent qu'ils combattaient de nouveaux ennemis : ils se virent perdus et tremblèrent.

L'armée française est transformée. Jeanne y ramène la discipline et l'ordre ; elle en chasse tous les parasites que les gens de guerre traînent après eux, usuriers, baladins, charlatans, et le reste ; elle ne tolère aucun désordre, et fait cesser le pillage ; les plus grossiers s'adoucissent, les plus vicieux se corrigent ; la Hire lui-même se convertit. Elle change le soudard brutal en soldat vaillant, le bandit en honnête homme, l'écorcheur en chrétien. Elle imprime à tous les cœurs un élan jusqu'alors inconnu. Jeanne accomplit la meilleure des réformes militaires : il ne suffit pas que le soldat soit solide et aguerri, qu'il ait de bonnes armes et de bons chefs, il faut encore qu'il croie à la cause qu'il défend ; un bras robuste ne sert de rien, s'il est plus robuste que le cœur. Cette foi qui grandit l'homme, Jeanne la donne par son exemple aux défenseurs de la France ; elle fait ce qu'aucun réformateur, aucun roi, aucun ministre, aucun général ne fit jamais.

Enfin le martyre de Jeanne d'Arc est comme la rédemption de la France. Morte, elle continue de servir son pays : elle a révélé à la nation ce qu'elle est ; bourgeois, nobles, paysans sentent pour la première fois qu'ils ne forment qu'un peuple, qu'ils ont un nom commun, un honneur commun, une patrie commune.

ÉPOQUE DE CHARLES VII ET DE LOUIS XI

I

La naissance du patriotisme a pour résultat la création de l'armée moderne. La grande gloire de Charles VII est la réorganisation militaire de la France, révolution profonde qui frappe la féodalité.

Charles VII écouta les vœux de la nation : les écorcheurs, un instant domptés par Jeanne, avaient recommencé leurs ravages ; les États convoqués à Orléans en 1439 demandèrent avant tout la répression du pillage et la formation d'une troupe régulière : ils offraient de l'argent pour la payer.

Charles VII s'occupa d'abord d'épurer l'armée : une ordonnance du 2 novembre 1439 réserva au roi la nomination de tous les capitaines et le choix des garnisons, défendit à tout autre d'assembler des gens de guerre, interdit aux soldats de maltraiter les paysans et de ravager les campagnes, et plaça tous les capitaines et soldats sous la juridiction des baillis et prévôts du roi. Cette ordonnance ne pouvait manquer de soulever bien des résistances : les capitaines refusèrent d'obéir, et maints seigneurs, criant à la tyrannie, encouragèrent leurs violences. Cette conjuration, qui s'appela la *Praguerie*, fut déjouée par l'activité de Charles et du connétable de Richemont : les révoltés furent partout traqués, leurs châteaux rasés, et le bâtard de Bourbon, un de leurs chefs, fut cousu dans un sac et jeté à l'eau. Malgré leur défaite, ces pillards incorrigibles étaient toujours dangereux. Charles VII se débarrassa d'eux adroitement : les uns furent envoyés contre les Trois Évêchés, les autres contre les Suisses, et s'ils ne périrent pas tous, Charles réussit du moins « à tirer beaucoup de sang de son armée ». Dispersés, affaiblis, humiliés, les compagnons n'étaient plus à craindre.

Un arrêt du roi les achève (1445) : « Considérant qu'ils ne servent de rien hors de piller et manger le pauvre peuple », le roi ordonne qu'ils soient « envoyés chacun en son domicile faire son métier ». Les grandes compagnies sont licenciées pour toujours : la France respire enfin ; le paysan sème et récolte, il n'est plus exposé à voir son champ ravagé, sa maison brûlée, sa famille massacrée. Les villes peuvent rouvrir leurs portes et se livrer au commerce, au lieu de monter la garde.

Le terrain déblayé, un édifice nouveau s'élève ; Charles VII et le connétable se servent habilement des matériaux de l'ancien : une partie des compagnons, les plus disciplinés et les plus honnêtes, sont retenus au service pour composer la cavalerie nouvelle. Le remaniement qu'on leur fait subir les rend méconnaissables : le roi leur donne pour capitaines des officiers soigneusement choisis, assez riches pour vivre sans piller, assez fermes pour tenir leurs hommes. Ces capitaines, au nombre de quinze, reçoivent chacun le commandement d'une compagnie. Les quinze compagnies nouvelles, dites *compagnies d'ordonnance* ou *gendarmerie*, sont égales et uniformes : chacune compte cent lances. On appelait *lance* une petite troupe composée en théorie de six cavaliers : l'*homme d'armes*, appelé encore *gendarme* ou *maître*, armé de la lance et chef des cinq autres ; un *page*, sorte de jeune écuyer ; un *coutillier*, armé d'un long couteau pour achever l'ennemi renversé par le maître ; deux *archers* à cheval et un *valet* de guerre. La cavalerie de Charles VII, formée de quinze compagnies de cent lances, devait compter par conséquent neuf mille hommes; quand un chroniqueur nous parle d'une armée de cent, de deux cents, de mille lances, il suffit de multiplier par six pour avoir le nombre régulier des combattants. Il est rare que le nombre réel soit aussi considérable : sous Charles VII, qui a plus d'hommes qu'il n'en veut, la *lance* est d'abord au grand complet et compte parfois jusqu'à huit hommes ; mais, la guerre de Cent Ans finie, les effectifs se réduisent, et à la fin du xv° siècle la lance ne compte en général que quatre ou cinq hommes au plus.

Les quinze compagnies furent réparties en faibles détachements dans les villes et les bourgs, où la surveillance était plus aisée, et, au lieu de piller bourgeois et paysans, elles vécurent à côté d'eux en parfaite intelligence. Chaque province était chargée de l'entretien de sa garnison : ainsi le Poitou entretenait 190 lances. Les prestations en nature furent presque aussitôt remplacées par un impôt correspondant, que l'exemption accordée aux nobles et aux gens d'Église rendit d'autant plus lourd aux petits. Outre le blé, chaque lance avait droit par mois à deux moutons, à la moitié d'un bœuf, au tiers d'un porc et à une pipe de vin. Chaque *homme d'armes* touchait par mois 20 livres tournois (500 fr. au moins) pour « l'éclairage, chauffage, légumes, assaisonnement et autres dépenses ». Le cheval recevait douze charges d'avoine et quatre charretées de foin et paille. Les hommes logeaient chez l'habitant et avaient droit à trois lits pour six et à une cheminée ; ajoutez l'écurie et le grenier : la maison était transformée en une petite caserne ; le propriétaire, toujours un roturier, recevait de la ville une indemnité.

Les compagnies d'ordonnance minutieusement organisées, astreintes à une sévère discipline, allaient rendre les plus grands services sur les champs de bataille ; à l'intérieur elles s'habituaient à obéir aux agents du roi et à prêter main-forte à la loi : avec l'ordre et la sécurité, l'agriculture, le commerce, la prospérité renaquirent en France comme par enchantement, « et faisait-on de grandes fêtes et bonne chère en réjouissance de cette sainte et bienheureuse saison de paix ».

La France possédait une cavalerie permanente et régulière, Charles VII voulut lui donner aussi une infanterie régulière, sinon permanente. Il avait vu les Suisses à pied tenir tête aux chevaux, et il avait compris que les progrès de l'armement et de la tactique grandissaient le rôle du fantassin. L'institution des *francs-archers* suivit de près celle des compagnies d'ordonnance. Charles VII voulait transformer les anciennes milices communales en infanterie régulière, comme il avait métamorphosé les troupes d'aventuriers en compagnies de gendarmes. L'ordonnance de Montils-lès-Tours (1448) établit qu'en chaque paroisse d'au moins cinquante feux « il y aurait un archer qui serait et se tiendrait continuellement en habillement suffisant et convenable de salade (petit casque), dague, épée, jacque (petite cuirasse de cuir rembourré) ou hugue de brigandine (cotte en mailles de fer). L'armement et l'équipement de l'archer étaient à la charge de la paroisse; quant à lui, il était affranchi de la taille, d'où son nom de *franc-archer;* en retour de ce privilège, il devait s'exercer au tir de l'arc tous les dimanches et jours de fête et se tenir prêt à marcher au premier signal. On estime le nombre des archers à huit mille environ : on pourrait les comparer de loin aux *landwehr* modernes, qui ne sont *mobilisées* qu'en temps de guerre.

La création des francs-archers marque une étape de la royauté : non seulement le roi force les seigneurs à lui obéir, mais il entre dans leurs domaines et y parle en maître ; il ne veut plus d'eux comme intermédiaires entre lui et son peuple. Il s'adresse directement à leurs vassaux, et les leur prend pour recruter son armée ; ce n'est plus une alliance qu'il sollicite dans la détresse, c'est un devoir dont il ordonne l'accomplissement: grave atteinte à l'ancien ordre de choses, **décadence irrémédiable de la féodalité.**

Mais on ne modifie pas en un jour les habitudes et les préjugés. Il fallait compter encore avec les vieux dédains du noble pour le vilain, du riche pour le pauvre, du cavalier pour le fantassin. La noblesse, à demi vaincue, n'opposa pas à l'ordonnance du roi une résistance ouverte, mais elle en entrava l'exécution par ses menées et par ses tracasseries. Le ridicule fut l'arme dont elle se servit avec le plus de succès. Les *francs-archers* étaient à la vérité de pauvres soldats, pleins de bonne volonté peut-être, mais sans expérience de la guerre. Ils ne valaient pas les anciennes confréries, qui, composées d'hommes de la même ville, formaient de petits corps compacts, habitués à leurs chefs, experts au tir et disciplinés. Le franc-archer était isolé, son plus proche voisin lui était inconnu; en temps de paix il n'était jamais convoqué ni pour une revue, ni pour un exercice, ni pour une manœuvre : comment serait-il devenu tout seul un excellent soldat? Sans doute il faisait quelques efforts pour apprendre son métier : il mettait de temps à autre sa salade sur sa tête, dérouillait son épée et sa dague, prenait son arc et s'en allait à l'exercice ; mais il était seul, sans instructeur, sans compagnons d'armes; en revanche la foule railleuse le suivait curieusement : elle lui rompait la tête de quolibets et de chansons, car on avait fait de lui le héros de mille aventures rimées en couplets grotesques.

Les enfants l'escortaient dans les rues en criant; ils lui cachaient sa salade ou son épée : le pauvre homme n'était pas pris au sérieux. Le peuple n'avait pas ri de l'écorcheur, du pillard incendiaire et bourreau; le franc-archer, honnête mais humble, était méprisé et bafoué.

Il n'était pas seulement le plastron de ses concitoyens. Le seigneur voyait en lui un homme du roi, le haïssait comme tel et lui rendait la vie dure : il le faisait battre par ses gens, il s'amusait à l'effrayer, et à ce jeu l'homme demeurait parfois sur la place.

Les francs-archers ne furent pas sans rendre quelques services : ils se distinguèrent même plusieurs fois, à Castillon, à Formigny, et aidèrent le roi à chasser les Anglais de France ; mais, la guerre finie, chacun fut renvoyé chez soi et retrouva ses misères. L'institution des francs-archers ne donna pas les mêmes résultats que celle de la gendarmerie, elle ne pouvait subsister ; elle n'en était pas moins le petit commencement d'une grande chose, de l'infanterie moderne.

C'est aussi à Charles VII qu'est due la première organisation de l'artillerie. Charles VI avait permis à des villes de créer des corporations d'*ardiliers* ou *bombardiers*, et la plupart des villes s'étaient imposé de grands sacrifices pour armer leurs remparts ; les prédécesseurs de Charles VII s'étaient, eux aussi, pourvus d'artillerie ; la direction en avait été confiée au grand maître des arbalétriers. Mais le personnel était mal recruté, et les nouveaux engins ne valaient guère mieux que les anciennes machines : leurs évolutions étaient peu rapides ; les pièces, qu'on devait faire très longues à cause de la médiocrité de la poudre, étaient traînées sur des rouleaux par des bœufs, et pour les mettre en batterie il fallait les dresser sur des chantiers et des échafaudages. La charge était longue et compliquée, la portée faible, le maniement dangereux : formés de lames de fer soudées et cerclées, les canons fermaient imparfaitement, et les fuites de gaz détraquaient les pièces, diminuaient la portée, brûlaient les servants ; il n'était pas rare que la pièce éclatât : le roi d'Écosse Jacques II fut tué par l'explosion d'une bombarde. Si les canons se chargeaient par la culasse, c'était par cette seule raison qu'on ne savait pas les forer, et le canon se chargeant par la bouche devait être considéré plus tard comme une merveille.

Charles VII améliora le matériel et le personnel. Le grand maître Gaspard Bureau fut pour lui ce que fut Sully pour Henri IV, Vauban pour Louis XIV : il diminua la dimension des pièces et les rendit plus solides, plus maniables et plus meurtrières; il perfectionna la fabrication de la poudre et substitua aux boulets de pierre les boulets de fer. Il institua pour le service de l'artillerie une troupe permanente et régulière, distinguée par un uniforme ou plutôt par une livrée; car les canonniers n'étaient pas encore considérés comme de vrais soldats. Sans doute l'artillerie n'était pas sortie de l'enfance, mais elle existait et n'avait plus qu'à se développer.

Déjà les Orléanais, avec leurs fameux canons le *Riflart* et le *Chien*, avaient infligé aux assiégeants des pertes sensibles, et leurs fusées avaient incendié les bastilles anglaises. Pont-Audemer eut les honneurs du premier bombardement sérieux et dut capituler (1449); Bordeaux se rendit pour n'être pas consumé.

L'organisation de l'artillerie n'est pas l'œuvre la moins importante du règne de Charles VII. Dès lors l'armée est constituée dans ses trois armes; formée d'un noyau solide, dégagée de l'anarchie féodale, disciplinée, mieux armée, soutenue par le patriotisme, elle est entrée dans la voie féconde du progrès sans rien perdre de ses qualités traditionnelles.

II

Louis XI, roi peu chevaleresque, devait tuer la chevalerie : ami des petits, il devait être l'ami des fantassins. Charles VII avait créé l'armée permanente ; Louis XI donne à la France l'infanterie régulière. Dans cette œuvre difficile il se heurte à bien des obstacles ; ses premières tentatives sont malheureuses, mais sa persévérance finit par triompher.

Au début de son règne la situation était grave : contre ses dangereux voisins, contre la noblesse prête à se révolter, il ne disposait que des compagnies d'ordonnance ; encore n'était-il pas sûr de tous ses officiers ; quant aux francs-archers, ils étaient disséminés dans leurs foyers. Louis XI n'avait pas le loisir de créer des institutions nouvelles. Après s'être assuré de la cavalerie, il chercha à réunir les francs-archers ; mais il eut beau les appeler, ils ne vinrent pas. Que pouvait le franc-archer, surveillé par le seigneur voisin ? Le but de Louis XI n'est pas caché : s'il rassemble une armée, c'est pour s'en servir contre les grands ; le seigneur se venge du roi sur ses serviteurs : il leur défend de partir, et si ces malheureux lui désobéissent, il les poursuit et les égorge.

Louis XI, forcé de se passer des francs-archers des campagnes, mit sa confiance dans le peuple des villes et des bourgs et s'adressa « à sa bonne ville de Paris ». Les ouvriers étaient à cette époque organisés en corps de métiers : bateliers, bouchers, boulangers, déchargeurs, fripiers, orfèvres, tanneurs, etc. Chaque corporation dut fournir une compagnie de milice commandée par ses syndics et ses prud'hommes ; un édit de 1669 régla leur organisation et leur armement ; les nouveaux francs-archers durent former une milice de 16 000 hommes répartis en quatre corps de 4000 soldats : la France fut divisée, à cet effet, en quatre circonscriptions. Chacune d'elles fut placée sous le commandement d'un capitaine général qui, moyennant un traitement de cinq cents livres par an, fut chargé du recrutement et du commandement de la milice. Chaque compagnie reçut une bannière de couleur différente. L'armement se composa d'une épée, d'une dague et d'un arc; l'équipement, d'une salade et d'une jacque. Des peines sévères menacèrent les insoumis, et il fut édicté que les déserteurs seraient « pendus par la gorge ». En apparence cette organisation était admirable : elle graduait la hiérarchie, elle assurait le commandement et la discipline, elle réglait l'armement. Rien n'y manquait, que les hommes mêmes. Les règlements du roi ne furent que prétextes à mille abus, « dommages, pilleries, concussions et exactions, à la très grande charge et oppression des sujets du royaume ». On avait laissé aux villes le soin de pourvoir à l'armement : elles en profitaient pour faire des économies. Les contingents demandés n'étaient même pas fournis, et les francs-archers qu'elles présentaient au roi étaient de pauvres gens inexpérimentés, mal armés, « malingres, marauds, bélîtres, fainéants, pilleurs et mangeurs de peuple, dégarnis de cœur, et de petite valeur ».

Les francs-archers ont de tristes états de service : en 1465 ils se débandent à Charenton; Louis veut les employer contre la Bretagne et contre la Bourgogne : ils l'abandonnent, et se dispersent. Il faut reconnaître que la cruauté de Charles le Téméraire était faite pour les dégoûter de la guerre : en 1472, après la prise de Nesle, le duc fit saisir tous les francs-archers de la garnison, en pendit la moitié et fit couper aux autres les deux poings. Ce procédé produisit l'effet cherché : quand il assiégea Roye, 1500 archers frappés d'épouvante se rendirent à lui sans coup férir. A Guinegate, en 1479, le temps leur manque pour fuir : abandonnés par la cavalerie, ils sont massacrés jusqu'au dernier. Louis XI entra alors dans une colère terrible : impuissant contre les francs-archers, puisqu'ils étaient morts, il faillit faire pendre ses cavaliers; il se calma heureusement ; il réfléchit, et de cette réflexion sortit une grande réforme, qui consistait à remplacer les francs-archers par de vrais soldats.

A la porte de la France, en Suisse, venait de se jouer un drame prodigieux, qui avait frappé les esprits profondément : un petit peuple, ignoré jusqu'alors, pauvre, sans chevaux et sans armures, avait vaincu Charles le Téméraire, le puissant duc d'Occident ; les victoires avaient suivi les victoires : après Héricourt, Granson ; après Granson, Morat ; après Morat, Nancy ; la brillante chevalerie était tombée sous les coups des paysans, et Charles le Téméraire était parmi les morts. Les Suisses devinrent les héros du jour. Louis XI, qui déjà avait vu cette milice à l'œuvre à la bataille de Saint-Jacques, en 1444, ne fut pas étonné de ses succès ; il les avait souhaités, il y applaudit : lui et les Suisses défendaient la même cause.

Dégoûté des francs-archers, Louis les congédia, sans toutefois supprimer l'institution même (1479), et il renonça au rêve d'une infanterie nationale. Parmi les étrangers il choisit les Suisses pour servir la France. Aussitôt le marché leur fut proposé. Les Suisses étaient belliqueux et pauvres : la guerre et l'argent les tentèrent. Le traité est conclu : la France donnera 20 000 livres par an (800 000 fr. environ) aux quatre villes de Berne, Lucerne, Zurich, Fribourg, et autant aux personnages influents ; elle entretiendra continuellement six mille hommes de pied et payera à chacun quatorze florins par mois. Le traité s'exécute activement, et les Suisses forment bientôt une belle troupe de six mille soldats, tous exercés et aguerris. Mais Louis XI connaît trop leur prix pour les gaspiller : il compose avec eux des cadres d'instructeurs. Dix mille hommes sont levés en France par enrôlements volontaires ; parmi eux on trouve d'anciens francs-archers, les plus vaillants, mais aussi beaucoup d'aventuriers de tous pays. Louis les réunit à Pont-de-l'Arche, où il a établi un camp, et charge les Suisses de les instruire (1480). Philippe de Crèvecœur, sire d'Esquerdes, est choisi pour diriger cette importante opération ; mais Louis s'occupe de tout lui-même. Impitoyable pour les grands, il n'est pas indulgent pour les petits. Tristan l'Ermite a dressé sa grande potence et ses chevalets pour renforcer par des exemples les vocations naissantes.

Les progrès de cette infanterie furent rapides, et Maximilien d'Autriche en conçut une telle irritation et une telle crainte, qu'il raya du livre de la Toison d'Or le brave sire d'Esquerdes et qu'il céda à la France l'Artois et la Bourgogne. Ainsi l'armée de Louis XI, sans voir l'ennemi, donnait des provinces à la France par la terreur qu'elle inspirait. Quand les Suisses n'eurent plus rien à apprendre à leurs élèves, Louis paya royalement leurs services et les autorisa à retourner chez eux, à la condition de se tenir prêts au premier signal. Quant aux conscrits passés maîtres, ils formèrent les *bandes françaises* et reçurent un drapeau rouge à croix blanche. Le camp de Pont-de-l'Arche fut levé, et l'on dispersa les compagnies dans les places du nord : c'est pourquoi dans la suite l'infanterie française fut longtemps désignée sous le nom de bandes de Picardie.

Louis XI avait créé l'infanterie permanente, arme roturière : il ne négligea pas pour cela l'arme aristocratique. Charles VII lui avait laissé quinze compagnies d'ordonnance : dès son avènement Louis XI commença par s'assurer d'elles. Il cassa celles dont il se défiait, enleva le commandement aux nobles qu'il trouvait trop puissants et les remplaça par ses partisans, des hommes de petite noblesse. Puis il créa d'un coup sept compagnies nouvelles, et plus tard trois autres composées d'hommes sûrs et dévoués. C'est avec cette cavalerie qu'il lutta contre la Ligue du bien public et contre les coalitions qui suivirent ; mais il préparait l'arme de sa préférence, l'infanterie, et, quand elle fut prête, il cassa dix de ses compagnies et les ramena au nombre réglementaire. Puis il s'appliqua à les perfectionner : tous les trois mois les maréchaux de France durent les passer en revue, les inspecter minutieusement et rédiger des rapports; le roi les visita lui-même deux fois l'an : les inspections générales datent de Louis XI.

Profondément abaissée, la noblesse commence à comprendre sa défaite. Si beaucoup encore n'aspirent qu'à la vengeance, d'autres renoncent à la lutte et deviennent des sujets loyaux; tandis que les obstinés se nourrissent de chimères, les sages, soit par intérêt, soit par patriotisme, comprennent qu'ils ont encore à l'armée une place honorable et qu'un gentilhomme ne déroge pas à servir sous le roi de France. Ceux-là demandent à figurer dans les compagnies, et Louis XI, après s'être fait un peu prier pour savourer sa victoire, laisse venir à lui les transfuges de la noblesse, sauf à les surveiller de près.

Louis XI établit la même centralisation dans l'artillerie. Le grand maître des arbalétriers était devenu dangereux : Louis XI restreignit son pouvoir et agrandit d'autant la charge de maître de l'artillerie, qui, sans être encore une des grandes charges de la couronne, devint une des plus hautes de l'armée. Perspicace et pratique, il croyait à l'artillerie : il la défendit contre les haines et les dédains de la noblesse, il l'encouragea et la fortifia. Stimulant lui-même les progrès de cette arme par des revues et des inspections, il lui assura un personnel habile et nombreux, entièrement national, choisi parmi les meilleurs ouvriers (2500 h. environ), pionniers, chargeurs, déchargeurs, conducteurs, forgeurs, etc.; il lui donna des soutiens d'infanterie et l'exerç par des manœuvres et par des écoles à feu. Un chroniqueur s'extasie sur la beauté de ces troupes : « Ils étaient tous bien vêtus de hoquetons rouges à croix blanche, et fut tiré aux champs grande quantité d'artillerie de la ville de Paris, qu'il faisait moult beau voir et entendre. » Louis, « vêtu si mal que pire ne se pouvait, » ne regardait pas à l'argent quand il s'agissait de son artillerie. Grâce à lui, cette arme d'élite si nouvelle encore, mais que les préjugés chevaleresques ne faussaient pas, devint en peu de temps une des plus redoutables defenses de la royauté et de la France.

ÉPOQUE DES GUERRES D'ITALIE

Charles VIII ressemblait plus à Charles le Téméraire qu'à Louis XI. Jeune, ardent, nourri de lectures romanesques, il se croyait appelé au rôle d'un Charlemagne ou d'un Alexandre : il détruirait les Turcs, prendrait Constantinople ; il fonderait un empire immense.

Son premier pas devait être la conquête de l'Italie. Il rassembla une grande armée ; jamais la France n'en n'avait vu de plus magnifique : autour d'un roi chevaleresque et brillant se presse toute la noblesse de France, avide de plaisirs et de gloire ; de beaux jours encore vont luire pour la chevalerie ; mais, au lieu de se gaspiller en aventures et en révoltes, son activité va se dépenser dans des guerres nationales, et son humeur batailleuse, jadis si funeste, deviendra une des forces de la France. Tout gentilhomme revêt sa belle armure, monte à cheval et sort de son manoir, la joie au cœur ; le rendez-vous est à Lyon ; les cavaliers arrivent de toutes parts. Le roi n'a pas assez de troupes pour les faire tous officiers : qu'importe ! ils formeront des compagnies de cavalerie noble à côté des compagnies d'ordonnance ; aucun n'hésite, et bientôt le jeune roi contemple avec ivresse une cavalerie improvisée de dix-huit cents lances, où les écuyers mêmes pourraient montrer leur blason.

A côté de ces cavaliers superbes à la cuirasse damasquinée

et enrichie d'or, au casque paré de plumes flottantes, aux écharpes de soie et aux bannières multicolores, s'avancent à rangs serrés huit mille Suisses, vieux soldats rompus au métier de la guerre, anciens instructeurs des armées de Louis XI. Derrière roule à grand fracas la plus formidable artillerie qu'on eût encore attelée, deux cents pièces de canon.

Après cette armée d'élite marchent quatre mille soldats des

ARTILLERIE DE CHARLES VIII.

bandes *françaises* instruites naguère à Pont-de-l'Arche : le maréchal d'Esquerdes les commande. Plus loin viennent des archers gascons et génois, des aventuriers français, bretons et provençaux levés pour la durée de la guerre. Charles VIII s'avance à la tête de soixante mille hommes ; l'enthousiasme est à son comble ; la noblesse « frétille » de passer les Alpes.

La première partie du voyage fut une promenade triomphale : l'Italie n'avait jamais rien vu de pareil, et quand Charles VIII entra dans Florence, entouré d'une nombreuse noblesse, dans tout l'appareil guerrier, les Florentins l'acclamèrent comme un envoyé de Dieu. A Rome Charles fit son entrée la nuit, « en bel et furieux ordre de bataille, trompettes sonnantes et tambours battants »; l'imagination des peuples était frappée. A Naples il fut accueilli comme un libérateur. Mais Charles VIII s'oublia à Naples comme Annibal à Capoue; l'armée se réduisit à vingt-cinq mille hommes, et pendant ce temps une ligue se formait dans le Nord pour fermer le passage aux Français. Il n'y avait pas de temps à perdre : douze mille hommes furent laissés à Naples; Charles en prit autant et partit. Ce fut à Fornoue, sur le Taro, que les douze mille hommes de Charles VIII rencontrèrent les quarante mille confédérés (1495); la journée fut pour la cavalerie noble une revanche apparente de ses nombreuses défaites : elle se précipita au galop contre l'infanterie ennemie et l'enfonça en un quart d'heure; trois mille confédérés jonchaient le sol, le reste fuyait; les Français n'avaient perdu que deux cents hommes. Cette charge brillante est restée le plus fameux exemple de la « furie française » : la chevalerie se crut désensorcelée; elle ne voulut point observer que les bataillons suisses avaient singulièrement contribué à la victoire ; elle s'imagina avoir tout fait et se regarda comme invincible.

La victoire de Fornoue consola la France de la perte du royaume de Naples : l'armée de Charles VIII avait sauvé l'honneur, mais l'expédition était manquée. C'est que l'éclat de cette armée cachait les plus graves défauts : elle manquait de discipline; les jeunes nobles, ardents au départ, ne tardaient pas à se fatiguer, et beaucoup se retiraient; venus librement, ils étaient libres de partir. L'infanterie était trop peu nombreuse pour laisser des garnisons dans les villes et assurer la retraite. Enfin l'organisation faisait défaut : « Le roi, dit Comines, n'était pourvu ni de sens, ni d'argent, ni d'autre chose nécessaire à cette entreprise ; et ceux qui le conduisaient de nulle chose n'avaient expérience. Aussi faut-il conclure que ce voyage fut conduit de Dieu tant à l'aller qu'au retourner. » En un mot cette armée était redevenue trop féodale : elle donna de beaux coups de lance, mais la guerre n'était plus un tournoi.

Louis XII, qui avait l'amour du bien public, surmonta ses préférences personnelles et s'occupa de fortifier l'infanterie; mais où trouver des fantassins? Les bandes françaises étaient peu nombreuses; les Suisses, enorgueillis de leurs victoires et de leur réputation, élevaient leurs conditions à mesure qu'ils étaient plus recherchés; et, une fois engagés, ils prétendaient faire leurs volontés, choisir leurs chefs et leurs champs de bataille. Souvent ils refusèrent de marcher avant d'avoir reçu leur solde; quelquefois dans les assauts ils demeurèrent simples spectateurs, sous prétexte qu'ils n'étaient destinés qu'à combattre en plaine. Les autres aventuriers n'étaient trop souvent que des vagabonds ou des bandits, conduits par un gentilhomme ruiné impatient de redorer son blason : « C'étaient, dit Brantôme, gens de sac et de corde, méchants garnements échappés à la justice, et surtout force marqués de la fleur de lis sur l'épaule, essorillés, et qui cachent les oreilles par de longs cheveux hérissés, barbes horribles, tant pour cette raison que pour se montrer effroyables à leurs ennemis. » Ils rappelaient les grandes compagnies.

Louis XII entreprit de relever l'infanterie. Il ne leva pas de troupes nouvelles; il engagea seulement les gentilshommes à descendre de cheval et promit des faveurs à ceux qui serviraient à pied. Bayard, le chevalier sans peur et sans reproche, donna l'exemple du sacrifice : il quitta la lance pour la pique et composa une troupe qui valut les Suisses. Mais tous les chevaliers n'étaient pas des Bayard; ces orgueilleux se récriaient à la pensée de coudoyer des vilains. « Il est indigne de nous, disaient-ils, de nous mettre en péril et hasard avec des piétons, dont l'un est cordonnier, l'autre forgeron, l'autre boulanger, en un mot gens mécaniques. » Les pères avaient dit *ribaudaille;* les fils disaient *gens mécaniques :* le mot seul était changé ; au fond le dédain était le même. Heureusement il s'en trouva, parmi ces nobles, qui s'élevèrent courageusement au-dessus des préjugés; beaucoup aussi, ruinés par leur orgueil, furent réduits à se faire fantassins.

Une ordonnance de 1508 régularisa l'institution nouvelle : les cavaliers démontés furent d'abord triés avec soin, et, l'épuration faite, ils formèrent les *bandes de Piémont*, organisées sur le modèle des *bandes de Picardie :* douze places par compagnie étaient réservées aux nobles; pour eux la solde était de trente livres par mois (900 francs environ) : « assez honnête appointement, dit un chroniqueur, pour entretenir et dresser beaucoup de braves gentilshommes ». Ils s'armèrent de la pique, moins *mécanique* que l'arquebuse. Le reste de la compagnie était composé de roturiers. Ce contact transforma ceux-ci entièrement : fiers de voir confondus au milieu d'eux les enfants de l'aristocratie, ils grandirent à leurs propres yeux et acquirent comme par enchantement la confiance et la dignité; ils connurent l'esprit militaire, et de paysans couards et grotesques ils devinrent des soldats aguerris et fiers. « On a vu cette merveille, dit Brantôme, que de très bons soldats sont sortis de ces goujats. » Des fils de laboureurs rivalisèrent de hardiesse avec les plus nobles; le peuple eut sa place à l'armée; son cœur eut le droit de battre, et le sang sorti de ses veines se mêla au sang noble sur les champs de bataille.

Le jour où des nobles servirent à pied et où des roturiers surent se battre, marqua une révolution : l'infanterie prit plus d'importance et marcha presque de pair avec la cavalerie ; le peuple grandit en même temps que le fantassin. La même transformation sociale ouvrit aux roturiers les rangs de la cavalerie. La gendarmerie leur demeura fermée : elle conserva ses traditions aristocratiques et devint peu à peu une école pratique où les gentilshommes se formaient au métier des armes. Mais, à côté de cette vieille troupe nationale attachée à son glorieux passé, se formèrent des compagnies françaises où furent admis des hommes de toutes classes, et des bandes étrangères composées d'Albanais ou *Estradiots*, d'Espagnols, d'Italiens, de Mauresques venus avec leurs chevaux arabes. Les deux cavaleries différaient en tout point l'une de l'autre : la gendarmerie devait conserver jusqu'à la fin du xvie siècle son armement massif, sa cuirasse pesante, ses lourds chevaux ; la cavalerie nouvelle fut armée plus

légèrement et montée de chevaux rapides ; la première s'appela la grosse cavalerie ; la seconde, la cavalerie légère ou chevau-légers. Menacés par les progrès des armes à feu, les cavaliers avaient d'abord épaissi leur cuirasse ; mais ils reconnurent bientôt que tant de fer écrasait leurs montures et se laissait percer par les projectiles. La gendarmerie conserva la cuirasse, utile encore dans les charges ; la cavalerie légère n'en prit pas, et pour augmenter encore sa souplesse et sa mobilité, elle abandonna la lance pour le pistolet et l'épée. La gendarmerie, sorte de garde permanente, continua d'être recrutée par le roi ; les nouveaux cavaliers, levés au moment de la guerre, furent réunis par des particuliers avec l'autorisation du roi. Plus d'un grand seigneur, après avoir mis sur pied une compagnie, se contenta d'en être titulaire et se fit remplacer par un officier de fortune. Le seigneur était le propriétaire de sa compagnie, comme s'il se fût agi d'un moulin ou d'un champ : il pouvait la transmettre à ses héritiers et la vendre. C'était son lieutenant qui exerçait les fonctions réelles : le grand Bayard, gentilhomme pauvre, commanda plus d'une compagnie pour le compte d'un autre.

L'artillerie, déjà aux mains de la bourgeoisie, ne fut pas transformée, mais elle fut augmentée comme les autres armes et perfectionnée. Elle commença à devenir roulante et manœuvrière : ses pièces, au lieu d'être traînées par des bœufs sur des rouleaux, furent montées sur affûts et sur roues. Un si grand progrès remplit toute l'armée d'enthousiasme, et les généraux de Charles VIII s'écrièrent qu'avec de telles pièces on parviendrait à tirer jusqu'à vingt coups par jour; les ambassadeurs étrangers furent frappés d'épouvante. Charles VIII emmena en Italie cent quarante canons de bronze qui franchirent les Alpes et les Apennins; en 1503 on comptait à l'arsenal de Paris près de deux mille pièces de tout calibre, depuis le *Basilic*, qui pesait 7200 livres, et le *Serpentin*, long de vingt-deux pieds, jusqu'aux couleuvrines et jusqu'aux petits canons à main. Les anciennes machines, catapultes et balistes, furent définitivement condamnées.

La France était sortie du moyen âge : elle formait une nation unie sous une royauté forte. Des guerres nouvelles étaient nées, guerres d'État à État, guerres politiques. La France, constituée à l'intérieur, pourvue d'argent et d'hommes, était capable de se faire respecter.

SEIZIÈME SIÈCLE

I. — GUERRES D'ÉQUILIBRE EUROPÉEN

Les guerres d'Italie sont suivies des guerres d'équilibre européen. Charles-Quint, maître de l'Espagne, des Pays-Bas, de l'Italie, de l'Allemagne, était un danger pour l'Europe : où s'arrêterait sa puissance ? A la France échut la tâche glorieuse de s'opposer à la formation d'une monarchie universelle.

Contre un ennemi aussi formidable il fallait une armée nombreuse et forte, telle que la France n'en avait pas possédé encore. Changer le principe du recrutement eût été une entreprise folle et dangereuse, contraire aux institutions sociales et politiques de la France d'alors : François Ier n'y songea pas ; il laissa debout ce qu'il trouva et se contenta d'y apporter quelques perfectionnements : l'armée ressembla à un édifice dix fois restauré, remanié, agrandi, assemblage de styles différents.

François Ier commença par essayer la restauration d'une ruine. Les francs-archers avaient été cassés par Louis XI après Guinegate, en 1479, et ils n'étaient pas rentrés en grâce sous ses successeurs. Pauvre d'argent, le gouvernement préférait de bons écus à de mauvais soldats, et les paroisses, au lieu de fournir des hommes, payaient un impôt équivalent. François Ier, en présence de Charles-Quint, avait avant tout besoin de soldats : ses compagnies d'ordonnance et ses fantassins mercenaires ne lui suffisaient pas. Il se souvint des francs-archers, et réclama aux paroisses leur contingent réglementaire ; les ordonnances de 1448 furent tirées de l'oubli et remises en vigueur : chaque province du royaume dut mettre sur pied une légion de 6000 francs-archers ; ces provinces étaient au nombre de sept : la Normandie, la Picardie, la Champagne, le Dauphiné, la Bretagne, la Guienne et le Languedoc ; c'était donc une levée de 42 000 hommes. La légion se divisait en six sections, dont chacune était commandée par un capitaine et deux lieutenants ; chaque section comptait en outre un certain nombre de centeniers, de sergents, de fourriers, et quarante caporaux. Mais la tentative de François Ier ne devait pas être plus heureuse que celle de Louis XI : il se heurta aux mêmes difficultés ; les francs-archers ne furent rassemblés qu'à grand peine, et quand ils furent réunis, on s'aperçut que leur instruction était nulle. Il y avait peu d'espoir qu'ils devinssent jamais de bons soldats ; cependant, dans la pénurie où l'on se trouva en 1533, on dut recourir à leurs services ; c'est ainsi qu'il viendra des temps où la garde nationale, prenant tout à coup une importance inaccoutumée, sera l'espoir du pays. Sans doute on avait alors la ressource des mercenaires étrangers ; mais le roi voulait « se fortifier de la nation », et les « francs-taupins » furent pris au sérieux. Pour rehausser leur amour-propre, on commença par leur ôter leur nom de francs-archers, qui n'était pas synonyme de héros, et on leur donna le nom pompeux de *légionnaires*, « à l'exemple des Romains » ; les grandes bandes de 6000 hommes étaient érigées en légions, et chacune d'elles était placée sous le commandement d'un chef qui reçut le titre nouveau de *colonel*. Sauf le nom, ces troupes n'eurent rien de commun avec les légions romaines : elles ne tinrent pas ce qu'on attendait d'elles ; le maréchal de Vieilleville, vieux soldat, les jugeait durement : « Ce sont, disait-il, gens sans point d'honneur et la plupart sans courage, les plus mal disciplinés du monde, et leurs capitaines tout de même. » Ce jugement n'était que trop fondé : en 1536, une bande de 1000 Champenois s'étant révoltée, le roi dut la licencier, lui ôter ses enseignes et ses armes et ordonner quelques pendaisons. En 1543 les légionnaires qui formaient la garnison de Luxembourg s'en retournèrent chacun chez eux : de 10 000 il n'en demeura que 300 dans la ville. En 1545 les légionnaires de Boulogne rendirent la ville aux Anglais à la première sommation. Aux paniques, aux révoltes, aux trahisons on ne peut opposer aucune action brillante ni même honorable. François Ier, rebuté, dut renoncer à de pareilles troupes, et il ne resta rien de cette tentative que la déconsidération irrémédiable des francs-archers. « Voyant, dit Vieilleville, que le service de telles gens était du tout inutile, on commua cela en argent, et de cet argent on en façonna de braves hommes et vaillants capitaines. »

Ces braves hommes, ces vaillants capitaines étaient les uns Français, les autres étrangers. Les vieilles bandes n'avaient pas été dissoutes : elles formaient la meilleure partie de l'infanterie et avaient combattu glorieusement en Italie et en Flandre ; elles se divisaient en deux corps : les bandes de Picardie créées en 1480 par Louis XI avec l'aide d'Esquerdes, et les bandes de Piémont créées en 1507 par Louis XII avec l'aide de Bayard. Chacun de ces deux corps avait son caractère : les bandes de Picardie, dressées par les Suisses sous l'œil de Louis XI, se distinguaient par la rigueur de leur discipline et l'ensemble de leurs mouvements; les soldats, sans être tous Picards, étaient pour la plupart des hommes du nord de la France, calmes, tenaces, esclaves de la consigne; les officiers étaient de très petite noblesse, et souvent des soldats de fortune arrivés à force de travail et de courage ; l'uniforme était simple et sévère. Les bandes de Piémont, formées par Louis XII, se faisaient remarquer par leur ardeur et leur élan : elles eussent volontiers effacé de la langue le mot « impossible ». Des hommes du midi les composaient, Gascons, Languedociens, Provençaux, éveillés, alertes, entreprenants, présomptueux, qu'un long séjour au delà des monts avait rendus encore plus méridionaux[1]. Tous les officiers et nombre de soldats étaient gentilshommes; les

charmes de l'Italie séduisaient les cadets de famille. « Pour les accoutrements, dit Brantôme, ce n'était que soie et velours : les caporaux étaient habillés tout de satin vert, etc. » Ces deux corps se complétaient l'un l'autre : le premier, véritable infanterie de ligne, était éminemment propre aux

[1]. Les guerres d'Italie ont enrichi la langue française d'une foule de mots italiens relatifs aux choses militaires : soldat, fantassin, caporal, colonel, estafette, vedette, — patrouille, escadron, brigade, infanterie, cavalerie; — arsenal, arquebuse, carabine, cuirasse, giberne, cartouche, bombe; — citadelle, bastion, redoute, — embuscade, escalade, parade, — forfanterie, poltron, bravoure.

batailles rangées et aux sièges réguliers ; le second, sorte d'infanterie légère, aux escarmouches, aux assauts, aux coups de main.

C'est surtout après l'insuccès des légionnaires que François Ier renforça les *vieilles bandes* : il en porta l'effectif à 12 000 hommes ; chaque bande comptait 300 hommes, elle était commandée par un capitaine, un lieutenant, un enseigne, des sergents et des caporaux, et relevait directement du général en chef, sans brigades ni divisions. Les soldats se partageaient en deux catégories : les piquiers, appelés à combattre de près, portaient l'armure complète, bourguignote, corselet et brassards ; les arquebusiers, destinés à faire le coup de feu, n'étaient vêtus que de la jacque et ne couvraient leur tête que du morion ; leurs armes consistaient en une épée, une dague et la lourde arquebuse, qu'il fallait épauler sur une fourchette plantée en terre. Les vieilles bandes rivalisaient de bravoure : elles se couvrirent de gloire à Agnadel et à Ravenne.

Elles formaient la partie nationale de l'armée et se recrutaient par enrôlements volontaires ; autour d'un noyau permanent de vieux soldats étaient groupées les recrues engagées pour la durée des hostilités. Il eût été difficile d'obtenir un plus grand nombre d'engagements et dangereux de perdre les vieux soldats dans une cohue de conscrits. L'armée nationale étant insuffisante, on recourut aux étrangers. Beaucoup de bons Français, comme du Bellay, souhaitaient que l'armée fût nationale, que le soldat servît par devoir et non par métier. La réforme était facile à indiquer, impossible à mettre en pratique : l'État n'était pas assez riche pour entretenir en temps de paix une armée nombreuse ; une guerre éclatait, on se procurait des hommes comme on pouvait, et l'on s'adressait naturellement aux nations comme la Suisse et l'Allemagne, qui, fertiles en hommes, faisaient marché de leur sang et envoyaient leurs fils à l'étranger en qualité de soldats. Sans doute il était désirable qu'on pût se passer de leurs services; les Suisses faisaient de bons soldats, mais ils se vendaient cher et embarrassaient les généraux par leurs prétentions et leurs exigences : sans cesse ils leur mettaient le marché à la main et les menaçaient de se retirer, comme des ouvriers qui se mettent en grève. Le général Lautrec, à la Bicoque, en 1622, faillit rester seul en campagne : il attendait de France l'argent de la solde et ne voyait rien venir; les capitaines des Suisses lui déclarèrent que leurs hommes, las d'attendre, « exigeaient de trois choses l'une : argent, congé ou bataille ». Le pauvre Lautrec n'avait pas un denier à leur donner; forcé de choisir, ou de perdre son armée ou de perdre la bataille, il se décida à se faire battre. Il arriva aussi plus d'une fois que des Suisses rencontrèrent des Suisses sur le champ de bataille et fraternisèrent avec eux : comment les forcer à tuer leurs concitoyens? Ce n'étaient pas des soldats qu'on pût mener par la violence : un rien les eût fait partir, et pour ne pas les avoir contre soi, on les ménageait comme des serviteurs à qui l'on tient. François Ier réussit à se les concilier. Depuis la paix perpétuelle jusqu'à la Révolution, nos rois entretinrent constamment un corps nombreux de Suisses, et la France fut la nation qu'ils servirent de préférence; on a calculé que depuis Louis XI jusqu'en 1830 un million de soldats suisses ont servi la France. Un Français disait devant un Suisse : « Si l'on réunissait tout l'argent que les troupes suisses ont coûté à la France, on en pourrait paver une route qui mènerait de Paris à Bâle. — C'est vrai, répondit le Suisse; mais si l'on réunissait aussi tout le sang que ceux de ma nation ont versé pour la France, on en remplirait un canal qui irait de Bâle à Paris. »

Les armées de François Ier renfermaient aussi des Allemands; les petits princes d'Allemagne en quête d'argent vivaient de la vente de leurs sujets. A Marignan l'armée française comptait 14 000 Allemands sur 26 000 hommes, plus de la moitié de l'effectif; à Pavie, 6000 sur 15000. Ces aventuriers s'appelaient les *lansquenets*[1]. Ils ne manquaient ni de bravoure ni d'expérience de la guerre; le malheur était qu'ils avaient tous les vices imaginables : c'étaient gens de sac et de corde qui vivaient dans le désordre et dans le meurtre, aussi dangereux à leurs alliés qu'à leurs ennemis, plus intraitables que les Suisses sans en avoir la valeur. Dans

FRANÇOIS 1ᵉʳ ARMÉ CHEVALIER PAR BAYARD.

les dangers ils réclamaient double paye sans faire double besogne; ils se mutinaient sans cesse. Bayard lui-même les tenait avec peine, et plus d'une fois il dut les menacer de les charger avec ses autres troupes et de les mettre en pièces.

Les Suisses et les Allemands formaient presque toute

---

1. Ce nom leur avait été donné pour les distinguer des montagnards suisses; lansquenet vient de l'allemand *Landsknecht*, composé de *Land*, pays, campagne, et *Knecht*, serviteur : le *Landsknecht* était le *fantassin du pays plat*. Les mercenaires allemands introduisirent en France nombre de termes militaires, tels que sabre, sabretache, chabraque, havresac, flamberge, fibre, obus, blocus, bivouac, etc.

l'armée mercenaire; mais la plupart des pays de l'Europe y étaient représentés, si bien que les officiers supérieurs, pour être compris, devaient connaître un peu toutes les langues; c'est ainsi qu'une foule de termes militaires, italiens et allemands, entrèrent dans l'usage et finirent par compter dans la langue française. François Ier se servit beaucoup de troupes italiennes : Trivulce, longtemps *condottiere*, passa au service de la France avec sa bande et devint maréchal; son exemple fit plus d'un imitateur. A Cérisoles, en 1544, la petite armée française comptait jusqu'à 5000 Italiens. La Corse fournissait environ un millier de bons soldats dévoués à la France. Les Génois étaient 2000 à Marignan ; les Béarnais, étrangers alors, servaient volontiers notre pays, et les Basques semblaient avoir pour le métier militaire plus de vocation que de nos jours. L'armée française offrait des spécimens de toutes les nations : on y eût trouvé des Polonais et des Anglais, des Espagnols même, bien que la guerre se fît contre l'Espagne. Tous ces mercenaires, deux fois plus nombreux que les bandes, composaient comme une vaste légion étrangère, si ce n'est que tous leurs officiers étaient des étrangers comme eux. A Marignan l'infanterie, forte de 26 000 hommes, comptait 4000 Français des vieilles bandes, 14 000 Allemands, 6000 Gascons, 2000 Génois. A Cérisoles elle se compose de 4000 Français, de 5000 Italiens et de 3000 Suisses; en tout 12 000 hommes. Ses éléments, son aspect, sa force varient tous les jours : on y voit tantôt des légions de lansquenets et pas un Suisse, tantôt des milliers de Suisses et pas un Allemand; l'effectif oscille entre 12 000 et 50 000 hommes ; le roi n'a pas les soldats de la nation, il a les soldats qu'il peut acheter.

La cavalerie n'offrait pas plus d'unité que l'infanterie. Elle se divisait aussi en cavalerie nationale et en cavalerie étrangère. Celle-ci, bigarrée d'uniformes de toutes couleurs, **comprenait des Estradiots albanais, des arquebusiers ita-**

liens, des génétaires espagnols et des milliers de pistoliers allemands appelés *reîtres*, dignes émules des lansquenets leurs frères. La cavalerie nationale, plus considérable,

BAYARD.

comprenait la gendarmerie et les chevau-légers. Beaucoup de nobles se contentaient de faire partie de l'arrière-ban, sorte de réserve féodale qu'on ne convoquait plus guère. La gendarmerie fondait rapidement: François Ier, « le premier gentilhomme du royaume, » voulut arrêter cette décadence : il essaya d'augmenter l'effectif de la lance garnie; mais les nobles aimaient mieux être officiers dans d'autres troupes que simples *gendarmes*. Il fallut réduire l'effectif des compagnies d'ordonnance à six mille hommes environ et augmenter la cavalerie légère, déjà deux fois plus nombreuse. Les nobles s'étaient résignés à coudoyer des vilains : il n'était plus nécessaire d'être noble pour être cavalier, et le roturier brave que favorisait la fortune pouvait acquérir la noblesse et devenir un ancêtre. Bayard demandait au roi de faire officier le fils d'un de ses tambours, aussi brave que son père, « démon d'escalades et de courage. — Bayard, mon ami, répondit François Ier, faisons officiers du même coup le père et le fils ensemble, et toute la race encore, puisqu'elle est si loyale. »

L'artillerie, singulièrement perfectionnée sous Charles VII, Louis XI et Charles VIII, prit peu de développement pendant les règnes de François Ier et de Henri II, amis des tournois et des beaux coups de lance. Les armées ne comptèrent en général qu'un canon par mille hommes : il est vrai que chaque pièce en ligne supposait cinquante canonniers. L'artillerie n'admit aucun mercenaire étranger et conserva son organisation presque savante. Elle se composait d'un personnel permanent d'artilleurs et d'une réserve d'ouvriers civils qu'on appelait en temps de guerre.

L'armée française était définitivement constituée dans ses trois armes ; elle était organisée et disciplinée ; l'effectif en était considérable : François Ier mit en ligne cinquante mille hommes et Henri II, cent mille. Ils imposèrent à la nation de durs sacrifices, de laborieux efforts que ne couronna aucune conquête ; mais aussi ils la sauvèrent de la maison d'Autriche, et chaque fois que la France fut en de bonnes mains, elle suivit la politique inaugurée par François Ier.

II. — GUERRES DE RELIGION.

La France avait échappé à un grand danger. La royauté était forte, la noblesse vivace, le peuple actif : il semblait que, la paix conclue, les forces de la nation dussent s'appliquer au travail et au progrès ; il n'en fut rien. « Le Français, dit Brantôme, n'a jamais pu se passer de se battre, s'il le peut, contre l'étranger ; sinon, contre lui-même ; aussi le Bourguignon et le Flamand disent de nous que, quand le Français dort, le diable le berce. » La guerre étrangère fit place à la guerre civile : à une période de glorieux efforts succéda un demi-siècle d'anarchie : la France dévia de son chemin.

Les armées de François Ier et celles de Henri II méritaient le nom d'armée française ; sous François II, Charles Ier et Henri III on cherche en vain l'armée de la France. La paix de Cateau-Cambrésis rendait inutiles les grandes armées. Tous les mercenaires furent licenciés, si bien qu'on vit « les plus belles casseries qu'on puisse imaginer » ; toute la cavalerie légère était licenciée d'un coup. La gendarmerie, seule maintenue, se releva pour quelque temps de sa décadence ; son effectif augmenta rapidement et s'éleva en quelques années à 4200 lances ; mais le roi eût préféré une cavalerie moins nombreuse et plus sûre ; l'armée se ressentait du trouble de la société : elle était divisée comme la nation ; la noblesse, ambitieuse et remuante, n'était pas dans la main du roi, et il devait venir un jour où Henri III, réfugié dans le Louvre, n'aurait plus autour de lui que cinq cents gentilshommes. La cour, méfiante, ne tarda pas à s'adresser de nouveau aux mercenaires étrangers, Allemands, Italiens, Espagnols, Albanais ; et quand elle en eût rassemblé six mille autour d'elle, elle épura la gendarmerie, qui conserva ses privilèges, mais cessa pour toujours d'être la cavalerie principale. La décadence fut encore hâtée par les progrès incessants des armes à feu : le cavalier bardé de fer ne valait pas les chevau-légers, lestes et mobiles, ni les dragons, troupe nouvelle qui pouvait combattre à pied et à cheval. L'artillerie continuait ses progrès : elle ne les dut ni à François II, qui licencia la moitié des artilleurs, ni à Charles IX, ni à Henri III, qui se servirent peu de canons; mais la guerre civile était pour elle une excellente école ; forcées de se garder et de se défendre, les villes s'entourèrent de remparts et les hérissèrent de canons : la défense imagina les fortifications rasantes et construites en terre, pour défier l'artillerie ; l'attaque, à son tour, inventa le tir plongeant et le tir à ricochet, pour triompher des nouveaux obstacles.

L'infanterie, elle aussi, s'organisa au milieu du désordre. Les bandes de Picardie, abîmées à la bataille de Saint-Quentin, comptaient encore douze mille hommes : on les répartit dans les places frontières du nord et de l'est. Les bandes de Piémont, revenues d'Italie avec le duc de Guise, formaient un effectif de huit mille hommes : les unes reçurent pour poste Calais, les autres la frontière des Alpes. Ces vingt mille hommes formaient encore une armée redoutable; mais le temps était venu où la France allait servir de champ de bataille à l'Europe. Les catholiques et les protestants, jusqu'alors réunis, se séparent : le pays et l'armée se divisent en deux factions. Les commandants en chef donnent le signal du désordre ; protestants pour la plupart, ils ne peuvent combattre leurs coreligionnaires : de dissidents ils deviennent rebelles. Une partie de leurs soldats les suit; d'autres, dégoûtés, se retirent; en 1561 il ne reste au roi que six à huit mille hommes désorganisés et sans chefs.

Une nouvelle institution sort de ce chaos (1561). De tous temps les peuples ont imité leurs ennemis : au XVI° siècle la France imite l'Espagne ; les débris des vieilles bandes, refondus par le duc de Guise, composent trois corps nouveaux qu'on appelle des *régiments*. Chacun reçoit pour chef un maître de camp qui relève directement de l'autorité royale

8

et qui sera moins dangereux pour elle qu'un chef d'armée. Les protestants, eux aussi, improvisent des régiments où les recrues fanatiques coudoient les soudards blasés. Les deux partis s'arment avec rage. Le roi, qui ne se sent pas en force, ordonne à Montluc de former un quatrième régiment;

GARDES DU CORPS.

Montluc lève les Gascons et compose le régiment demandé; le roi lui en commande trois autres : la Normandie, le Languedoc, le Poitou fournissent les hommes nécessaires ; on se hâte, et en 1562, au moment où les protestants marchent sur Paris, les sept régiments royaux sont prêts à les recevoir.

La paix d'Amboise suspend un moment les hostilités (1563), mais d'autres dangers menacent la royauté. L'armée n'est pas sûre; ses chefs sont ambitieux et puissants : s'ils se révoltent, sur qui compter pour les combattre? Catherine de Médicis, plus défiante encore après la conjuration d'Amboise, organise une troupe spéciale, peu nombreuse, forte de deux mille hommes environ, mais dévouée et qui reçoit tous ses ordres du roi; les hommes en sont choisis avec le plus grand soin parmi les plus royalistes, et le commandement en est donné à l'Italien Strozzi, dont l'intérêt est d'être fidèle. Ces gardes, appelés d'abord les *Enseignes de la garde du royaume*, sont destinés à combattre des Français; on les verra tantôt héros et tantôt assassins, héros sur les champs de bataille, assassins à Paris dans la nuit de la Saint-Barthélemy. Mais le temps les modifiera singulièrement et fera d'eux les *Gardes françaises*.

Un danger semble conjuré; mais les protestants se lèvent en grand nombre : l'armée royale n'est pas assez forte pour leur tenir tête. Catherine de Médicis, qui voit le péril, s'adresse aux Suisses, réserve toujours prête : six mille d'entre eux accourent aussitôt, au moment même où les protestants vont mettre la main sur le roi et l'enlever; les Suisses l'entourent de leurs rangs serrés et l'escortent de Meaux jusqu'au Louvre. Charles IX, qui voulut leur témoigner sa reconnaissance, les attacha définitivement à la personne du roi et leur donna le nom de Gardes suisses, qu'ils ont conservé jusqu'aux derniers jours de la monarchie; à l'exemple de Louis XI, il les proposa comme modèles au reste de l'armée. Strozzi, nommé colonel général de l'infanterie française, reprit l'œuvre de d'Esquerdes : les régiments français, quinze mille hommes environ, furent appelés à Paris pour y être instruits par les Suisses. L'instruction terminée, les régiments reçurent leur constitution définitive : les maréchaux de camp et les commandants dépendirent du colonel général (1569); les hommes, « richement vêtus, bien armés et dorés comme calices, » furent groupés méthodiquement en *enseignes* ou compagnies d'une centaine d'hommes, propriété de chaque capitaine. On distingua les régiments par des noms : le premier s'appela le régiment des Gardes françaises, le deuxième le régiment de Picardie, le troisième le régiment de Champagne, le quatrième le régiment de Piémont : deux autres régiments furent organisés pour la durée de la guerre ; quant aux bandes dites compagnies franches, leur nombre varia sans cesse, et elles n'eurent qu'une durée éphémère. Une compagnie de chaque régiment, la première, appartenait en propre au *colonel* général : elle s'appelait pour cette raison la compagnie *colonelle ;* le chef de l'infanterie était donc à la fois général et capitaine : général, il avait sous ses ordres les maîtres de camp ; capitaine, il n'avait pas d'intermédiaire entre lui et une partie des troupes : il commandait successivement chacune de ses compagnies et se faisait remplacer dans les autres par un lieutenant, sorte d'officier d'état-major, qu'on appela d'abord *lieutenant de la colonelle*, puis lieutenant-colonel. Le maître de camp, commandant le régiment, était à la fois le chef immédiat de la deuxième compagnie. Les autres compagnies suivaient dans l'ordre d'ancienneté des capitaines : le plus ancien d'entre eux s'appelait *sergent-major*. On voit combien ces noms ont changé de sens . traduits dans la langue d'aujourd'hui, colonel général équivaut à général, maître de camp à colonel, sergent-major à major. Formés au xvi⁰ siècle, ces régiments ont vécu aussi longtemps que l'ancien régime, et chacun d'eux a son histoire.

Fantassins et cavaliers, étrangers et français, régiments et bandes, toute l'armée se recrutait par l'enrôlement volontaire : à cette époque de guerre permanente et de pillage effréné, la carrière des armes était un métier périlleux, mais plein de profits : on y trouvait honneur et richesse ; des hommes « sortis des villages, des boutiques, des écuries, » une fois aguerris et façonnés, pouvaient devenir capitaines et égaler les gentilshommes. Artisans, fils de bourgeois, cadets de famille, tous les jeunes gens d'humeur batailleuse s'engageaient pour chercher fortune. A la solde de cent livres par mois pour le capitaine, de cinquante pour le lieutenant, de neuf pour le soldat, se joignaient les prestations en nature par les habitants et les revenus autrement considérables que produisait le butin : toute ville prise était saccagée, tout prisonnier dépouillé et rançonné ; mener joyeuse vie et assurer ses vieux jours, telle était l'ambition du soldat, et l'officier n'avait pas d'autres principes. Celui que la guerre n'enrichissait pas était raillé de sa maladresse : un capitaine du régiment de Navarre se plaignait un jour à Henri IV de n'avoir pas de quoi dîner le soir : « Ventre saint gris, s'écria le roi, c'est votre faute : pourquoi n'avez-vous rien volé? » Outre le butin, les capitaines peu scrupuleux trouvaient un moyen rapide de se mettre à l'abri du besoin : payés par l'État en raison de l'effectif de leur compagnie, ils en grossissaient habilement les chiffres et comptaient comme présents au corps des absents et des malades, des hommes congédiés pour toujours ou morts depuis des années, et jusqu'à des soldats imaginaires dont ils forgeaient les noms sans pudeur : ainsi un capitaine ayant soixante hommes dans sa compagnie en comptait largement cent, et l'argent destiné à l'entretien de quarante soldats passait tout entier dans sa poche. Sans doute les inspections ne laissaient pas de lui causer quelque embarras, mais une seconde fraude lui servait à cacher la première : les soldats absents ou fictifs étaient figurés pour la circonstance par des *passe-volants* ou *hommes de paille*, vagabonds ramassés à la hâte, braconniers, vauriens, valets chassés, gens en guerre avec la justice, qui pour un écu venaient pendant quelques jours servir de comparses : on leur mettait une pique en main, un casque en tête, un baudrier sur la poitrine et quelques oripeaux ; on leur apprenait leur rôle au plus vite, et le tour était joué. Les commissaires inspecteurs passaient en revue la compagnie au grand complet, adressaient leurs compliments au capitaine et rédigeaient des rapports élogieux. Au fond ils n'étaient pas toujours aussi aveugles qu'ils le paraissaient, mais ils fermaient les yeux sur un mal aussi enraciné. Le roi, qui n'était pas dupe de ces comédies, prodigua les menaces et les rigueurs; mais, au lieu de sévir contre les vrais coupables, il ne châtia que les complices : les faux soldats furent poursuivis cruellement ; on les marqua d'un fer rouge à la joue, on leur coupa le nez et les oreilles, on leur creva un œil; mais les capitaines ne furent pas inquiétés, et leur industrie demeura prospère ; la misère était si grande, qu'ils trouvèrent toujours autant de *passe-volants* qu'ils voulurent; les pauvres diables, facilement tentés, continuèrent de jouer leurs oreilles pour un écu.

De tels abus en entraînaient d'autres : les capitaines volaient leurs hommes comme ils volaient l'État, et les soldats, mal payés, se dédommageaient eux-mêmes par le vol ; la discipline se relâchait. En vain le grand prévôt, dans des accès de colère, faisait pendre ou rouer les mutins par douzaines, et donner l'estrapade à des compagnies entières : ces châtiments tombaient souvent au hasard ; de plus grands coupables restaient impunis, et le désordre redoublait. C'est que le mal était à la racine ; toutes les mauvaises passions étaient déchaînées : appétits brutaux, cupidité basse, cruauté barbare ; les guerres de religion avaient perverti la nation.

DIX—SEPTIÈME SIÈCLE

I. — HENRI IV. — RICHELIEU. — MAZARIN

Henri IV, Richelieu, Mazarin, voilà trois des plus grands noms de notre histoire ; la période qui s'étend du traité de Vervins (1598) au traité des Pyrénées (1659) est remplie des faits les plus considérables. Cependant les institutions militaires offrent peu de progrès ; c'est que pendant la paix toute l'attention se tourne vers d'autres objets : l'abaissement des grands, la ruine du parti huguenot ; et quand la France est libre d'intervenir dans la guerre de Trente Ans, le temps est venu des combats et non des réformes.

Sous Henri IV la France cicatrise ses blessures. L'armée du roi de France n'est d'abord que l'armée du roi de Navarre : l'infanterie est presque entièrement composée d'étrangers ; la cavalerie renferme une noblesse enthousiaste, mais peu nombreuse ; l'artillerie est faible. Mais Henri IV, maître du royaume, contraint les chefs protestants et les anciens ligueurs à lui amener des troupes, et il impose la paix à l'Espagne (1598). La guerre finie, une partie de l'armée est licenciée.

La paix est à peine troublée par la petite expédition de Savoie ; la fin du règne est une époque de **repos**. Sully, que préoccupent surtout les finances, supprime les dépenses inutiles ; les garnisons des provinces, restes des guerres civiles, étaient dangereuses entre les mains des gouverneurs :

on les supprima; les troupes perdirent en nombre, mais gagnèrent en qualité. L'ordre revint à l'armée comme au pays; les soldats, au lieu d'être pris dans l'écume des villes, furent choisis avec quelque soin; les excès de toute sorte, contre lesquels les gibets avaient été impuissants, finirent d'eux-mêmes; la discipline redevint humaine, et le métier militaire fut relevé. L'école de la Flèche, qui existe encore avec une autre destination, est une création de Henri IV: elle eut pour but de former des officiers subalternes. Henri IV est resté justement populaire : le premier il s'intéressa aux malades et aux blessés; un établissement fut construit rue de Lourcine, à Paris, pour les recevoir. Les veuves et les orphelins des soldats tués à l'ennemi furent secourus : c'est l'humanité qui se fait jour. L'armement fut perfectionné : chevaleresque, mais pratique, Henri comprit l'importance de l'artillerie; aidé de Sully, il travailla lui-même à l'amélioration du matériel; il sentit le besoin de confier à des hommes spéciaux les fortifications, les travaux de siège et les ponts; des hommes tirés de l'infanterie formèrent un corps spécial, qui devint le *genie*.

En 1640 l'armée de Henri IV comptait 50 000 hommes d'infanterie, 6000 chevaux, 40 pièces. Instruite, aguerrie, disciplinée, elle eût suivi son chef au bout du monde; le moment était propice : la maison d'Autriche était prise au dépourvu; la fortune souriait à la France, quand l'assassinat de son roi la plongea tout à coup dans le deuil. L'attentat de Ravaillac fut pour l'Europe une terrible calamité: la guerre contre l'Autriche fut ajournée, la liberté de conscience fut en péril, et l'équilibre européen parut détruit.

« Nous allons tomber dans la faction contraire à celle de la France, » avait dit Sully. Il disait vrai. La guerre civile se ralluma : les factions vaincues relevèrent la tête, et la politique nationale fut abandonnée. Marie de Médicis, pour satisfaire les ennemis de la France, licencia la belle armée de Henri IV; ce qu'on en conserva retomba dans le chaos; les courtisans, après s'être partagé l'argent du trésor, se partagèrent les troupes et les grades : il n'y avait plus d'armée française.

Vingt années s'écoulent, qui ne présentent que de viles intrigues et des luttes stériles. L'abandon de l'arquebuse est la seule réforme qui mérite mention : on adopta le mousquet, plus léger et plus maniable. Le malheur des temps voulut que l'armée royale en fît l'essai sur des Français.

Heureusement, après Concini, après de Luynes, Richelieu est entré au ministère; vrai successeur de Henri IV, il ramène la France dans sa voie. A l'intérieur l'autorité royale rendue maîtresse, le royaume amené à l'unité ; à l'extérieur la maison d'Autriche vaincue et l'Europe équilibrée : telle est l'œuvre de Richelieu. Comme la nation, mais plus lentement qu'elle, l'armée commença à être centralisée et à devenir vraiment monarchique.

La noblesse fut attaquée dans son pouvoir militaire comme dans son pouvoir politique. La charge de connétable fut supprimée après la mort du duc de Lesdiguières, en 1627, comme celle de grand-amiral, et Richelieu prit pour lui des titres militaires, entre autres celui de « lieutenant-général représentant la personne du roi ». Il ne se contenta pas du titre : plus d'une fois il échangea sa robe de pourpre contre la cuirasse, il se montra à l'armée l'épée au côté, des pistolets à l'arçon de sa selle, et il se donna le plaisir de cavalcader devant les rangs, comme pour montrer aux cavaliers qu'il savait aussi dompter un cheval.

Les gouverneurs de provinces furent abaissés, et leur pouvoir passa aux intendants (1635). La noblesse ne se laissa pas abattre sans résistance : les révoltes suivirent les révoltes; toutes échouèrent, et les têtes les plus hautes furent fauchées. Montmorency fut exécuté malgré les prières de toute la noblesse. « C'est chose injuste, disait Richelieu, que de vouloir donner exemple par la punition des petits, qui sont arbres qui ne portent pas d'ombre, et, ainsi qu'il faut bien traiter les grands faisant bien, c'est eux aussi qu'il faut plutôt tenir en discipline. » Les concussions étaient comme passées en coutume. Marillac n'était pas plus coupable que maints seigneurs; accusé de péculat et de pillage, il fut condamné à mort et exécuté. Sans doute la justice de Richelieu est sans scrupule et sans pitié ; mais c'est à ce prix qu'il contraignit les fraudeurs à la probité et les rebelles à l'obéissance.

La cavalerie, composée de gentilshommes, était un foyer de résistances, de bravades, de complots : les officiers remuants furent casssés; les compagnies d'ordonnance, qui voulaient ressusciter la féodalité, furent fondues avec le reste de la cavalerie. L'arrière-ban de la noblesse, débris vermoulu des institutions féodales, pouvait devenir un danger: il fut supprimé, et les gentilshommes furent dispensés du service personnel. Richelieu ne maintint sur pied que les troupes dont il était sûr, et remplaça les autres par des étrangers soldés auxquels il pouvait se fier: Italiens, Allemands, Lorrains, Hongrois et Polonais; en 1636, sur cinquante régiments, vingt-deux seulement sont composés de Français.

L'infanterie n'était pas aussi hostile au ministre, mais elle ne pouvait suffire à une guerre, et les milices bourgeoises composaient une pauvre réserve. Richelieu renforça les gardes françaises, suisses et écossaises, donna définitivement la permanence aux douze vieux régiments et à dix autres moins anciens, et eut recours pour le reste à des troupes étrangères, dont le nombre varia fréquemment.

L'armée française compta, à partir de 1635, environ 140 000 fantassins et 20 000 chevaux. Les 12 000 hommes de Bernard de Saxe-Weimar formaient une armée à part; mais comme elle n'était par elle-même d'aucun pays, elle était moins une armée alliée qu'un corps français.

INFANTERIE (ÉPOQUE DE LOUIS XIII).

Quelques innovations augmentèrent la force matérielle de l'armée. Elle manquait d'unité tactique : les régiments d'infanterie furent divisés en bataillons, et les compagnies de cavalerie réunies en escadrons. La cavalerie ne pouvait répondre à la mousqueterie : on adjoignit à chaque escadron une bande de *carabins*, cavaliers armés de carabines, et l'usage des armes à feu se généralisa. L'artillerie, enlevée entièment à la noblesse et employée contre elle, fut augmentée et perfectionnée; on commença à fabriquer ces grosses pièces de place, ciselées comme des œuvres d'art, d'un alliage parfait, et tellement solides qu'après d'importantes transformations elles figurent encore dans notre matériel secondaire[1]. Le manque de temps empêcha Richelieu de donner ses soins au détail de l'administration militaire; l'embarras des finances lui interdit les réformes coûteuses. Rien ne fut fait pour modifier le recrutement, et la condition du soldat demeura aussi misérable. Richelieu n'en avait pas moins mis la France en état de vaincre, et il lui fut donné de voir le succès de son œuvre. Après lui il ne restait qu'à la consolider : ce rôle échut à Mazarin.

Le nouveau ministre, qui désirait la paix, poussa vivement la guerre. De nouveaux aventuriers, parmi lesquels des Anglais et des Catalans, vinrent grossir l'armée, vraie Babel où se rencontraient tous les peuples. Sans doute elle ne valait pas une bonne armée nationale; mais elle avait affaire à des mercenaires recrutés comme elle, et ses chefs s'appelaient Turenne et Condé. Rocroi fut comme un coup de foudre : c'était la première bataille que la France gagnait depuis un siècle; l'infanterie espagnole y perdit son prestige, et la France exaltée par la victoire eut foi dans sa force : elle se crut invincible et le devint. Les succès s'enchaînent comme

---

[1] On peut lire encore sur ces pièces l'inscription qu'on y a gravée : *Ultima ratio regum :* « la dernière raison des rois ».

les revers : Rocroi fut suivi de Fribourg, de Nordlingen et de Lens, et la France triomphante imposa la paix à l'Autriche; le traité de Westphalie, couronnement de l'œuvre de Richelieu, nous valut l'Alsace, qui devint la plus militaire de nos provinces.

L'armée française était meilleure que les autres armées de l'Europe, mais elle n'était pas bonne encore, et c'était surtout la faiblesse des autres qui faisait sa force. Elle présentait les vices les plus graves, les lacunes les plus dangereuses : l'armée n'était pas entièrement dans la main du roi; le soldat manquait de moralité et avait plus de bravoure que de **vrai patriotisme**; l'officier, entrepreneur avide, s'enrichissait par la fraude, négligeait le service, désobéissait; la hiérarchie était indécise, la surveillance dérisoire, l'administration déplorable, l'armement imparfait; le soldat était traité comme un esclave, et le blessé réduit à mendier : les dessins de Callot ne représentent que des horreurs réelles. De grandes réformes étaient nécessaires : il fallait un homme d'une vue assez sûre pour voir le mal et trouver le remède, d'un cœur assez ferme pour braver les préjugés, un homme à la main de fer, capable de vaincre les résistances et de défier les haines. Cet homme, la France fut assez heureuse pour le trouver en **Louvois**.

II. — LOUVOIS.

Louvois[1] a organisé les choses de la guerre comme Colbert a organisé celles de la paix. Louvois et Colbert étaient les deux hommes qu'il fallait à la France; c'est de leurs pareils qu'il est vrai de dire que le génie est une longue patience. Préparé

---

1. L'historien de Louvois est M. Camille Rousset, qui a tiré de la poussière des archives les documents les plus précieux et les a mis en œuvre avec un rare talent d'historien.

dès l'enfance à sa tâche future, Louvois eut le bonheur d'être compris du roi et de posséder longtemps sa confiance; trente ans il travailla avec la même méthode et la même ardeur. Homme d'affaires avant tout, ce n'est ni une intelligence supérieure, ni une âme passionnée : ce qui domine en lui, c'est la volonté. Son sens droit se tient à quelques idées simples; le sentiment ne l'entraîne pas; sa force lui vient d'une énergie singulière, qui grandit avec les obstacles et qui va parfois jusqu'à la brutalité. La tâche de Louvois fut difficile: il eut à lutter contre les préjugés vivaces, les routines enracinées, la haine et l'inertie. Longtemps les mauvaises herbes repoussèrent: il ne se lassa pas, et finit par les extirper. Il chercha toujours la vérité ; son œil perçant ne distinguait pas moins le bien que le mal ; il apprécia surtout les longs services, le mérite modeste et consciencieux; sa justice n'était pas moins prompte à récompenser qu'à punir; elle était inflexible sans être aveugle; s'il eut une passion, ce fut celle de la responsabilité. Il n'entreprit rien sans y avoir bien pensé, mais, une fois qu'il s'était proposé le bien de l'État, aucun intérêt particulier ne l'arrêtait : il allait droit son chemin et ne voyait rien que le but.

Louvois ne changea pas la base du recrutement. Cette base tenait à celle de la société tout entière, et on ne pouvait le remplacer à moins de démolir tout l'édifice. L'État ne pouvait faire face à toutes les dépenses: comment le rendre assez riche sans bouleverser le système des impôts? L'aristocratie conservait des privilèges à l'armée: comment les lui enlever sans la dépouiller en même temps de tous ses privilèges sociaux? Le jour de ces réformes devait venir, mais un siècle plus tard; ce n'était pas à Louvois de tenter ce qu'ont fait nos pères en 1789. Réformateur pratique, il attaqua les abus qu'il était possible de détruire; il laissa subsister ceux qui tenaient aux nécessités de son temps, et en arrêta seulement la croissance. Il ne supprima ni la vénalité des charges, ni le racolage : non qu'il en méconnût les vices, mais il s'y résignait comme à des maux inévitables.

La vénalité des charges militaires ou civiles était une gangrène qui rongeait depuis longtemps toutes les parties de l'État; mais c'était « comme une de ces infirmités chroniques que les sages médecins se gardent bien d'attaquer, parce qu'elles ne peuvent finir qu'avec le malade[1] » : elle ne devait disparaître que dans la ruine du vieux corps social. Louvois se contenta d'empêcher les progrès du mal : la vénalité ne fut supprimée que dans les quatre compagnies des gardes du corps; les officiers y furent réduits à des fonctions purement militaires. Dans le reste de l'armée les emplois de lieutenant-colonel et de major étaient les seuls qui ne se vendissent pas; colonels et capitaines continuaient leur métier d'entrepreneurs. Le recrutement de l'armée était affermé comme la perception des impôts; aujourd'hui c'est l'État qui prend la peine de lever ses soldats, de les équiper, de les entretenir; sous l'ancien régime ces soins étaient laissés à des intermédiaires: les officiers composaient leurs troupes comme un adjudicataire de travaux publics organise ses équipes d'ouvriers. L'unité administrative de l'armée était la compagnie. L'État délivrait à un capitaine une commission qui équivalait à un contrat; le capitaine s'engageait à lever un certain nombre d'hommes, à les équiper, à les armer, à les exercer selon les règlements. L'État, de son côté, s'engageait à lui payer pour chaque homme : 1° une prime de levée, sorte d'entrée en campagne (dix écus par fantassin, cinquante écus par cavalier monté); 2° une solde journalière (cinq sous par fantassin, quinze sous par cavalier). La prime de levée appartenait tout entière au capitaine : elle était destinée à couvrir les premiers frais; la solde journalière était partagée entre le soldat et le capitaine; dans l'infanterie le soldat recevait

1. Rousset. *Louvois* ch. III.

quatre sous, et le capitaine retenait un sou; le cavalier recevait treize sous et demi, et le capitaine en retenait un et demi. Les quatre sous du soldat devaient suffire à sa nourriture et à ses menus plaisirs[1]; le cavalier était plus riche, mais il avait son cheval à nourrir. Le capitaine avait la charge d'habiller sa compagnie, de l'équiper, de l'armer; les colonels subvenaient aux dépenses de leur compagnie particulière et aux frais généraux. Les uns et les autres avaient peine à équilibrer leur budget: aussi prenait-on de préférence des hommes riches, qui, au lieu de végéter ou de s'enrichir malhonnêtement, pussent quelquefois y mettre du leur et supporter des pertes d'argent.

Louvois estime assurément le mérite plus que la fortune; mais, contraint à l'économie, il cède à la nécessité. Ainsi une charge de colonel se trouve vacante; deux candidats sont en présence, l'un, le sieur de Gironville, très bon officier, mais pauvre; l'autre, le marquis de Nangis, « sans beaucoup d'expérience, il est vrai, mais homme de qualité, à qui ses vingt mille écus de rente permettent de faire de la dépense dans le régiment »: Louvois choisit le marquis de Nangis. C'est que la vénalité des charges militaires faisait de la richesse une qualité essentielle de l'officier; il fallait accepter la conséquence avec le principe.

Dans une société aristocratique il n'y a pas de soldats citoyens; le service obligatoire pour tous est une institution démocratique, et la conscription même est fondée sur le principe de l'égalité. L'armée française, sous l'ancien régime, avait le même mode de recrutement que l'armée anglaise d'aujourd'hui, le *racolage;* les soldats d'alors ressemblaient à des travailleurs qu'on embauche pour de l'argent, non à des citoyens dont on exige un devoir. Aussitôt le contrat signé, le capitaine se mettait en quête de recrues; à cet effet il s'a-

---

1. Quatre sous du XVIIe siècle équivalent à peu près à un franc d'aujourd'hui.

dressait à des fourniseurs spéciaux, sorte d'entremetteurs adroits et peu scrupuleux qui faisaient métier de procurer des hommes aux capitaines leurs clients; leur profit était proportionné à la taille, à la force, à la beauté de la recrue. Un pareil système présentait sans doute des abus graves qui révoltent nos idées d'ordre et de justice; Louvois n'avait pas le temps de s'apitoyer sur de telles victimes : il leur laissait le soin de se garder et les abandonnait à leur sort. « Le roi, disait-il, a besoin de soldats; ce n'est pas le moment d'examiner s'ils ont été bien ou mal enrôlés. » Louvois prend les choses comme elles sont; il n'entreprend pas de réformer la société de son temps; il accepte les vices du racolage, ainsi que les dangers de la vénalité.

Mais il rompt avec toutes les pratiques de ses prédécesseurs quand il exige que chacun tienne ses engagements. Il ne supprime pas la « propriété militaire », mais il interdit la spéculation. « On veut bien, dit-il, qu'un capitaine fasse sa métairie, si j'ose parler de la sorte, de sa compagnie; mais on veut aussi qu'il la cultive en même temps, en sorte qu'il ne jouisse que du fruit de son travail. » Avant lui les officiers, peu surveillés, volaient leurs soldats et volaient l'État : les soldats devaient se taire, et l'État fermait les yeux. Surveillant de génie, Louvois a le don de tout voir; malheur à ceux qu'il surprend. Il exige avant tout la probité; les compagnies doivent être au complet; le capitaine doit remplacer au fur et à mesure les morts et les déserteurs; l'argent qu'il touchera pour la solde journalière sera proportionnel au nombre des hommes présents, et non plus à l'effectif théorique. L'abus le plus enraciné était celui des *passe-volants*[1]. Louvois l'attaqua avec vigueur; les malheureux qui se prêtaient à ces supercheries furent châtiés cruellement : on les fouetta de verges, le bourreau les marqua d'un fer rouge au

1. Voy. p. 117

front, leur coupa le nez, les mutila ; enfin on alla jusqu'à les pendre. Cependant il se trouvait encore des gens assez misérables pour jouer ce rôle périlleux, et des officiers assez malhonnêtes et assez inhumains pour accepter leur concours et les exposer aux supplices. Comment distinguer des véritables soldats ces comparses sous leur déguisement? L'œil le plus exercé s'y trompait. Louvois, que peu de scrupules arrêtaient, ne craignit pas d'encourager la dénonciation : il promit aux délateurs leur congé immédiat, avec prime de cent à trois cents livres aux dépens du capitaine coupable. Une récompense si merveilleuse en séduisit plus d'un, et il ne fut pas rare de voir, pendant une revue, un soldat sortir des rangs et révéler au commissaire inspecteur, parfois à Louvois en personne, la présence de passe-volants dans la compagnie. Il arriva une fois, à Belle-Isle-en-Mer, qu'après le départ du commissaire, un sergent qui lui avait fait une dénonciation fut maltraité par son capitaine furieux, et qu'au lieu de recevoir son congé et les dix pistoles réglementaires, il fut battu de verges et mis au cachot. Louvois eut vent de l'affaire : quelques jours après le capitaine était cassé, tous ses complices sévèrement punis ; le major de la place de Belle-Isle, compromis pour n'avoir pas dénoncé le fait, était interdit pour trois mois et privé de ses appointements. Louvois, en frappant les officiers, avait trouvé le vrai remède : les mutilations et les pendaisons étaient inhumaines, et de plus inutiles ; c'était moins aux instruments de la fraude qu'aux fraudeurs qu'il fallait s'en prendre. Quand les capitaines, les colonels même se virent interdits, cassés, menacés de la prison et du bannissement, force leur fut de renoncer aux passe-volants et de prendre leur parti d'être honnêtes.

Louvois ne leur laissa même pas la ressource de voler le soldat. Il était d'usage d'exploiter les petits jusque dans l'armée : bien des désillusions attendaient les hommes de recrue à leur arrivée au régiment ; la somme qu'on leur avait promise pour les séduire ne leur était pas toujours payée, et le capitaine poussait parfois le cynisme jusqu'à leur reprendre de force les quelques pistoles pour lesquelles ils s'étaient vendus. Louvois s'assure que la prime de levée est exactement payée; il veut aussi que la solde journalière soit distribuée régulièrement tous les dix jours, et sans retenue illégale[1]. Il arrivait fréquemment que les écus sortis des coffres de l'État s'arrêtaient dans les mains des intermédiaires et n'arrivaient pas à destination; les soldats qui osaient réclamer recevaient en place des coups de fouet ou de bâton. L'anecdote suivante montre combien il était dangereux de porter plainte. Les officiers du corps commandé par Dufay avaient retenu la solde de leurs soldats; ceux-ci, mourant de faim, se réunirent sans désordre et tirèrent au sort pour savoir qui présenterait la requête; le malheureux sur qui le sort tomba s'achemina tristement vers la tente du général. Dufay n'eut pas plus tôt entendu les premiers mots de la requête qu'il entra dans une colère indescriptible; un conseil de guerre est rassemblé sur-le-champ. Qui le compose? les officiers infidèles et leurs camarades, dont l'intérêt est d'étouffer les plaintes. En conséquence le pauvre soldat, jugé sommairement, est condamné à mort et fusillé. Si Louvois eût appris ce crime à temps, nul doute qu'il n'eût fait justice bonne et prompte; quand il le découvrit, il était trop tard pour sévir. Dufay, l'héroïque défenseur de Philipsbourg, méritait des ménagements et avait pour protecteur Louis XIV lui-même; Louvois retint le coup qu'il était prêt à frapper, mais il adressa au coupable une lettre comme il savait en écrire. « Il a été nécessaire, lui écrit-il, que Sa Majesté se soit souvenue de vos services passés pour ne pas vous priver de votre emploi et vous faire mettre en

---

1. Aujourd'hui la solde (ou *prêt*) de l'homme est payée tous les cinq jours, afin que les centimes de poche forment des nombres ronds de sous. En route l'homme reçoit tous les jours une solde dite *de route*, qui comprend ses frais de nourriture et la solde

prison... Sa Majesté regarde ce qui a été fait comme un assassinat. » Si Dufay fut épargné, les officiers qui avaient retenu la solde furent envoyés dans les prisons d'État; ceux qui avaient complété le conseil de guerre furent tous interdits, et le colonel dut, en présence de l'inspecteur général, faire raison aux soldats assemblés de tout ce qu'on leur avait retenu; le commissaire coupable de n'avoir pas dénoncé le crime fut emprisonné et disgracié pour toujours.

Cette sévérité fait honneur à Louvois : il prend place dans l'histoire parmi les justiciers; auprès de lui le faible est assuré de trouver justice et l'oppresseur reçoit son châtiment. Le soldat est protégé et relevé à ses propres yeux : il n'est pas encore un citoyen, mais il n'est plus un esclave. Il a des droits comme des devoirs : au lieu d'être le jouet d'un maître, il est le subordonné d'un chef; il peut compter maintenant sur sa petite solde; il ne sera plus forcé de piller pour vivre, et son capitaine ne lui prendra plus son pain pour nourrir ses chiens. Louvois empêche aussi qu'on ne le retienne au delà du temps fixé : le régiment n'est plus une prison dont la porte se ferme et ne se rouvre pas. L'officier est contraint de tenir tous ses engagements envers les soldats comme envers l'État.

Cette réforme portait un coup terrible à ceux dont l'industrie ne prospérait que par la fraude : le bon temps était passé, et une entreprise si lucrative naguère devenait difficile depuis qu'il était impossible de vivre de vol. Une telle révolution attira nécessairement à Louvois des ennemis sans nombre, et l'opinion s'égarait parfois en faveur de ceux qu'il frappait. On l'accusait parfois de réduire les officiers à manger leur bien ou à mourir à l'hôpital[1]. Sans doute on put en citer qui se ruinèrent, mais c'étaient presque toujours des prodigues qui dépensaient leur argent à de folles dépenses, et

1. La solde du capitaine était de 75 livres par mois (875 francs environ au prix actuel de l'argent), celle du lieutenant de 30 livres (150 francs).

non à l'entretien de leurs troupes. « Qu'on leur demande, dit Louvois, à quoi ils ont mangé leur bien; ils vous diront effrontément que c'est au service du roi, quoiqu'il soit de notoriété publique que ce n'a jamais été qu'au service des dames. » A se donner « le luxe de trente chevaux et de vingt valets tout cousus d'or, à jouer cent pistoles en un quart d'heure, » les petites fortunes n'allaient pas loin. « Chacun ne sait pas se mesurer, disait Louvois, et la plupart, étant infatués que ce n'est pas assez d'avoir du courage si l'on ne fait beaucoup de dépense, se mettent en état, au bout de trois ou quatre campagnes, de ne savoir plus où donner de la tête, tellement qu'ils sont obligés de se retirer. Or je demanderais volontiers si c'est le roi qui est cause de la ruine de ces gens-là. » Il n'était pas vrai qu'il n'y eût « qu'à se ruiner dans le service de la France ». « Nous n'avons, disait Louvois, qu'à jeter les yeux sur la plupart de ceux qui ont aujourd'hui des gouvernements, et nous trouverons que, pour un qui avait du bien quand il s'est mis dans le service, il y en avait dix qui n'en avaient point... Combien en avons-nous vu qui de rien ou de bien peu de chose se sont élevés à des fortunes surprenantes! M. le Bret, qui était d'une naissance obscure, sans bien, sans appui, n'a pas laissé de mourir lieutenant général des armées du roi, gouverneur de Douai, et enfin avec plus de vingt-cinq mille écus de rente, des bienfaits de la cour. M. de Montal n'est pas né avec plus de bien, quoiqu'il soit d'une autre naissance : chacun sait qu'il n'avait pas cinquante écus de rente quand il commença à porter les armes, et que les parents de sa femme eurent beaucoup de peine à la lui laisser épouser, quoiqu'elle n'eût pas vaillant mille écus. Cependant où en est-il aujourd'hui, et n'est-il pas à la veille d'être maréchal de France? Nos armées ne sont remplies que de fortunes semblables ou qui en approchent beaucoup. » C'est que Louvois, aussi généreux que sévère, récompense les bons officiers autant qu'il châtie les mauvais; il vient au secours des plus honnêtes par des gratifications, des présents et des pensions ; il leur alloue en supplément quatre ou cinq payes de soldats au delà du complet ; il leur fait des distributions gratuites d'habits, d'armes et de munitions, et, quand ils sont trop vieux pour servir, il leur assure une retraite ou quelque riche sinécure. Jamais les officiers n'avaient été aussi surveillés et aussi bien traités ; on vit alors ce qu'on ne voyait pas auparavant : il devint avantageux d'être honnête homme.

Les paresseux et les négligents ne trouvaient pas plus grâce devant Louvois que les prodigues et les fraudeurs. Les officiers courtisans voulaient bien être braves à la guerre, mais ils dédaignaient leurs fonctions pendant la paix : ils ne songeaient qu'au plaisir et oubliaient leur service ; ils se dispensaient des rondes commandées, et, quand ils étaient de garde, ils ne se faisaient pas faute de quitter leur poste et d'aller passer la nuit au jeu ; quelques-uns poussaient l'audace jusqu'à revêtir un valet de leur costume pour simuler leur présence. On ne les voyait jamais à la caserne ; ils ne connaissaient pas leurs hommes, et leurs hommes ne les connaissaient pas ; tout allait à la débandade ; les racoleurs, qui avaient carte blanche, engageaient les premiers venus, des enfants, des malingres, des infirmes : que leur importait, pourvu que le nombre y fût ? Les soldats, abandonnés à eux-mêmes, n'avaient aucun soin de leur tenue : on les laissait aller en ville et monter la garde avec des habits dépenaillés ; les habits propres étaient soigneusement serrés et ne servaient que dans les revues. Louvois, exact et infatigable, ne haïssait rien tant que l'insouciance et la paresse. Il exige de tous la ponctualité dans le service : l'officier doit s'acquitter de ses devoirs avec zèle et aimer son métier. Madame de Sévigné l'a entendu réprimander un officier ; la scène est prise sur le vif : « M. de Louvois dit l'autre jour tout haut à M. de Nogaret : « Monsieur, votre compagnie est en fort mauvais état. — Monsieur, dit-il, je ne le savais pas — Il faut le savoir, dit M. de Louvois ;

l'avez-vous vue? — Non, monsieur, dit Nogaret. — Il faudrait l'avoir vue, monsieur. — Monsieur, j'y donnerai ordre. — Il faudrait l'avoir donné. Il faut prendre un parti, monsieur, ou se déclarer courtisan, ou s'acquitter de son devoir, quand on est officier. » Louvois ne répète pas les ordres deux fois : les endormis sont durement réveillés, et ceux qui ont l'oreille dure vont dormir dans les prisons des forteresses plus longtemps qu'ils ne veulent. Les paresseux sont astreints au travail : ils doivent visiter régulièrement leur compagnie, surveiller le choix des recrues, passer des revues détaillées d'armement et d'équipement, et donner à leurs hommes une tenue convenable : « Car le roi ne veut pas que ses soldats portent des vêtements et des chapeaux assez mauvais pour scandaliser les étrangers qui peuvent passer dans les villes. » Mais Louvois recommande qu'on s'arrête à l'*industrie* des soldats plus encore qu'à leur bonne mine. L'officier, au lieu de s'en rapporter aux sergents, instruira et exercera lui-même ses soldats. Louvois lui dicte ses instructions, fait réunir les règlements et les manœuvres dans de petits manuels analogues à nos *théories*, et, entre autres exercices, prescrit pour la première fois la marche au pas, qui facilite l'alignement par sa régularité et trompe la fatigue par sa cadence.

Si la plupart des officiers se conformèrent à ces règlements, beaucoup de jeunes nobles trouvèrent indignes d'eux des soins aussi vulgaires. Louvois les fit inspecter minutieusement. « Le premier à qui il arrivera de désobéir, écrit-il à un inspecteur, sera cassé ;... le roi désire que vous fassiez mettre en prison le premier qui ne vous obéira pas ou qui vous fera la moindre difficulté. » Il y avait des caractères difficiles qui s'offensaient de ces menaces et ne pliaient pas : un d'eux parle de quitter le service et se pose comme un martyr. « Sa Majesté, écrit Louvois à ce propos, n'aime pas les gens chagrins ou impatients, et rien n'est plus pernicieux auprès du roi que de vouloir composer avec lui... Je crois l'officier dont vous parlez trop sage pour me demander à se retirer, parce que ce sera le chemin d'aller à la Bastille, où le roi met d'ordinaire les gens qui font de pareilles propositions. » C'est grâce à cette sévérité que Louvois triompha des mauvaises volontés et brisa toute résistance.

Mais s'il n'hésitait pas à punir, s'il ne craignait pas la lutte, il souhaitait un État où la rigueur fût moins nécessaire, étant dur par nécessité et par devoir, non par plaisir et par caprice. Il était difficile de plier à la règle les vieux officiers forts de leurs services et les jeunes nobles grisés de leur naissance. Louvois, qui ne tenait pas moins compte de leurs qualités que de leurs défauts, ne les poussa pas à bout; mais il s'occupa de les remplacer peu à peu par des jeunes gens d'un autre esprit, choisis dans la bourgeoisie ou dans la petite noblesse. On ne pouvait songer encore à faire une large place aux sous-officiers : si l'on cite le brave sergent Lafleur, qui devint lieutenant après une action d'éclat, c'est précisément que sa fortune fut une exception. Des soldats racolés sont rarement dignes de passer officiers : ce n'était pas à eux que Louvois pouvait s'adresser. Le 12 juin 1682 les intendants de province reçurent l'ordre de publier dans tout le royaume que le roi venait d'instituer à Metz et à Tournai deux compagnies « destinées à former au service tous les jeunes gentilshommes de quatorze à vingt-cinq ans qui voudraient y acquérir les connaissances et les qualités nécessaires pour devenir un jour de bons officiers ». Les jeunes gens accoururent en foule : il s'en présenta aussitôt quatre mille, si bien qu'il fallut créer, pour les recevoir, neuf écoles qu'on établit dans les villes frontières, à Metz, à Tournai, à Valenciennes, à Cambrai, à Givet, à Longwy, à Brisach, à Strasbourg, à Besançon. Ces officiers élèves prirent le nom de *cadets*. Les commencements de cette institution furent difficiles. Ces écoles de *cadets* ne s'ouvraient ni au concours ni à l'examen : les intendants, sollicités de toutes parts, débordés par les demandes et les recommandations, ne savaient auquel entendre et se laissaient aller à des choix étranges : il se trouva parmi les candidats reçus de jeunes nobles bien titrés, mais qui ne savaient pas lire ; les règlements avaient bien fixé une limite d'âge, mais les intendants avaient pris sur eux d'être larges, si bien que des enfants de quatorze ans à peine avaient pour camarades de « vieux cadets » de quarante-cinq ans. Louvois mit plusieurs années à débrouiller une pareille confusion : il tria les candidats admis et réduisit chacune des neuf compagnies au chiffre de 475. Les termes de l'ordonnance semblaient n'admettre que des gentilshommes : en réalité il suffisait que le candidat possédât des terres nobles et vécût noblement ; on reçut même des fils d'industriels et de commerçants. Louvois cherchait avant tout le mérite, et il prenait les bons officiers là où il les trouvait ; il dut écarter les jeunes gens dénués de toutes ressources, parce que leur situation les eût exposés à la misère ; mais il aidait ceux de la classe moyenne qui, sans être en état de se suffire, pouvaient du moins y mettre du leur. Les cadets étaient habillés, logés et entretenus aux frais du roi, et ils recevaient quinze livres de solde par mois. Les finances du royaume et l'état de la société ne permettaient pas à Louvois de faire davantage ; le jour de la démocratie était loin encore : les hommes étaient divisés en classes échelonnées ; c'était beaucoup d'en diminuer la distance.

Ces jeunes gens, soumis à une étroite discipline, exercés au métier, astreints à l'étude, formaient comme nos Saint-Cyriens une excellente pépinière d'officiers. Louvois s'en était réservé l'inspection, et le roi prenait plaisir à les voir manœuvrer. « Sa Majesté, dit Louvois, déclare qu'elle n'a vu aucune troupe, pas même ses compagnies de mousquetaires, faire l'exercice aussi juste. » En 1683, quand la guerre éclata, plus de deux mille cadets passèrent cornettes ou lieutenants pour compléter les cadres de l'armée ; les autres formèrent des compagnies d'élite. Les uns comme les autres se distinguèrent plus d'une fois : malheureusement le roi, qui en temps de paix n'entretenait ni sous-lieutenants ni cornettes, se vit forcé, à la fin de la guerre, de ramener tous ces officiers à la condition de *cadets;* l'épreuve fut dure pour l'amour-propre de ces jeunes gens, et leur mécontentement amena des désordres ; un d'eux, s'étant rendu coupable d'insubordination, fut condamné à mort : l'heure de l'exécution avait sonné, et déjà le patient touchait le pied de l'échafaud, quand dix-sept de ses camarades se jetèrent sur les archers qui le gardaient, le tirèrent de leurs mains et le conduisirent à la frontière. Louvois se vit forcé de sévir; deux des meneurs furent passés par les armes, et la compagnie fut licenciée.

Ces désordres laissèrent dans l'esprit de Louis XIV une mauvaise impression, et, quand Louvois ne fut plus là pour défendre les cadets, ils tombèrent en discrédit et finirent par être supprimés. Cette institution, délaissée en France, fut reprise par d'autres nations qui en appréciaient les avantages. Louvois leur avait appris le moyen de donner à l'armée de bons officiers subalternes, au roi l'autorité directe sur ces officiers.

Pour les grades supérieurs Louvois avait accompli une véritable révolution. A la mort de Turenne, qui à lui seul valait une armée, Louis XIV s'était efforcé de le remplacer en nommant d'un coup huit maréchaux de France[1], qui, selon les usages du *roulement,* prirent le commandement chacun à leur tour : c'était comme « la menue monnaie du grand homme[2] ». Le malheur fut que ces personnages, enflés de leur importance, aspiraient tous à la première place : jaloux les uns des autres, ils ne cherchaient qu'à se nuire.

---

1. Le duc de Navailles, le comte d'Estrades, le comte de Schomberg, le duc de Duras, le duc de Vivonne, le duc de la Feuillade, le duc de Luxembourg et le marquis de Rochefort.
2. Rousset, *Louvois,* chap. VIII.

MORT DE TURENNE.

De tels conflits amènent infailliblement des désastres. Louvois comprit le danger et le prévint ; il supprima le *roulement*, qui faisait presque toujours tomber sur un indigne ou sur un innocent la gloire d'une victoire ou la honte d'une défaite ; la hiérarchie fut établie sur une base solide : l'ordonnance du 1er août 1675 attribua le commandement au plus ancien des officiers égaux en grade. Ce principe fécond fut appliqué sans retard aux grades les plus hauts : les maréchaux virent leur rang réglé d'après la date de leur entrée en fonctions comme lieutenants-généraux ; tous les officiers supérieurs reçurent leur place précise dans la hiérarchie. Ce nouveau mode d'avancement s'appela l'*ordre du tableau.*

Le grade de colonel continua à s'acheter, mais Louvois en surveillait de près le trafic : il taxa les régiments de cavalerie au taux uniforme de 22 500 livres (environ 100 000 francs d'aujourd'hui) pour limiter les folles enchères des compétiteurs ; il exigea de l'acquéreur autre chose que la naissance et la richesse. « Je ne vois pas de raison, dit-il, de donner la conduite des corps à des jeunes gens qui auraient encore besoin d'être conduits eux-mêmes dix années durant. » Toute faveur eût été supprimée, si Louvois eût toujours été le maître ; mais il avait à lutter contre les influences de cour : ainsi le petit-fils de madame de Sévigné, le marquis de Grignan, protégé par le Dauphin, passa colonel à dix-sept ans. Mais c'étaient là des exceptions contre lesquelles Louvois luttait de tout son pouvoir.

De telles réformes exaspéraient les nobles et tous les amis des anciens abus. Saint-Simon jette les hauts cris : « Il n'y a plus, dit-il, qu'à dormir et faire ric à rac son service. » Colonel médiocre et aristocrate passionné, Saint-Simon n'a vu Louvois qu'à travers ses rancunes et ses préjugés de caste ; il se fait l'interprète de ces seigneurs insolents, entichés de leurs privilèges, qui croient qu'il suffit de se donner la peine de naître pour être maréchal de France. Louvois dédaigna ces colères et poursuivit son œuvre. Aussi bien l'ancienneté ne fut pas pour lui un titre exclusif : elle prima la naissance et la fortune, mais non le mérite ni les services ; les bons officiers, qu'ils fussent nobles ou non, trouvaient en lui un protecteur : des hommes comme Catinat lui durent d'occuper le rang qu'ils méritaient.

Louvois favorisa encore le mérite en créant un nouveau grade où l'argent ne donnait pas accès, le grade de *brigadier*, intermédiaire entre celui de colonel et celui de maréchal de camp. Turenne avait commencé cette réforme : il avait institué des *brigadiers* commandant deux ou trois régiments, mais seulement dans la cavalerie et à titre provisoire. Louvois généralisa cette institution, et son choix porta sur des hommes de premier ordre, comme Martinet, Catinat, Vauban. Louvois fit une concession à la noblesse en permettant au colonel passé brigadier de conserver son régiment, c'est-à-dire de commander directement l'un des deux régiments de la brigade placée sous ses ordres. Le grade de brigadier était donc ouvert à la fois aux officiers assez riches pour entretenir un régiment et aux officiers sans fortune qui pourraient faire de bons chefs ; il avait aussi l'avantage d'ajouter un degré à l'avancement : de capitaine on passait colonel ; de colonel, brigadier (général de brigade) ; de brigadier, maréchal de camp (général de division) ; de maréchal de camp, lieutenant général.

La charge de colonel général de l'infanterie avait été supprimée à la mort du duc d'Épernon, en 1661. Louvois, au lieu d'en supprimer les prérogatives, se les était appropriées : il nommait ou agréait tous les officiers ; tous les brevets étaient dressés par le secrétaire d'État de la guerre : tout officier avait son dossier. La hiérarchie était réglée jusqu'au sommet : en 1672 les maréchaux furent forcés d'obéir à **Tu-renne**, Turenne à Condé, et Condé à Monsieur : au-dessus de tous Louis XIV. Le pouvoir militaire était désormais concentré dans la main du roi; l'armée était entièrement monarchique, comme toutes les institutions de la France : les officiers étaient mis *au pas* comme les soldats.

Louvois ne se borna pas à apprendre à l'armée son devoir, il lui donna des modèles. La sagesse avec laquelle il se conformait aux mœurs de son temps et se résignait aux maux inévitables ne l'empêchait pas d'avoir son idéal et de chercher en partie à le réaliser. Le corps de la maison du roi forma une troupe d'élite qui approcha de la perfection. Avant Louvois les gardes du corps, faits pour la parade et non pour la guerre, ornements coûteux qui servaient aux fêtes, mais qu'on trouvait trop précieux pour les risquer, étaient moins des soldats animés de l'humeur guerrière que des figurants séduits par la solde, l'uniforme et l'oisiveté. En 1664 tout changea. Les simples gardes furent choisis parmi les meilleurs soldats; le roi désira qu'ils fussent « gens bien faits, âgés de plus de vingt-huit ans, tous catholiques et gentilshommes », et qu'ils eussent au moins deux années de service. Les places d'officier, au lieu d'être vendues aux plus riches seigneurs, furent laissées au choix du roi, qui les donna aux plus dévoués courtisans. Les gardes du corps formèrent jusqu'à huit escadrons de deux cents hommes; ils accompagnèrent Louis XIV en Franche-Comté et s'y distinguèrent. Les *mousquetaires*, dont le souvenir est encore populaire, avaient été créés récemment : institués d'abord pour combattre à pied, ils passèrent dans la cavalerie sans quitter leur mousquet; ils formaient deux compagnies, les mousquetaires gris et les mousquetaires noirs, appelés ainsi de la couleur de leurs chevaux; chacune d'elles avait le roi pour capitaine; un des *deuxièmes capitaines* des mousquetaires gris est ce d'Artaignan légendaire rendu fameux par le roman d'Alexandre Dumas. Les mousquetaires avaient droit au poste le plus dangereux : jaloux de ce privilège, ils chargeaient à la tête de toute la cavalerie, et dans les sièges ils mettaient pied à terre pour conduire les colonnes d'assaut : la prise de Valenciennes fut due à leur audace. Après les mousquetaires venaient, dans l'ordre de préséance, un petit corps fier de son vieux nom, la *gendarmerie*, composée de gentilshommes ou de riches bourgeois; les chevau-légers de la garde, analogues à la gendarmerie; les grenadiers à cheval de la garde, créés en 1676, tous choisis parmi les plus braves pour combattre au premier rang. Ces corps d'élite, forts de deux à trois mille cavaliers, soutenus par leurs traditions glorieuses et leurs privilèges justifiés, méritaient d'être offerts comme modèles au reste de la cavalerie.

Le *régiment du roi*, ceux des gardes françaises et des gardes suisses servirent d'exemple à l'infanterie. Le régiment du roi, créé en 1662, comptait trente-quatre compagnies; le régiment des gardes françaises en comptait trente de cent cinquante hommes réparties en six bataillons; leur habit, demeuré populaire, était blanc avec galons d'argent; la culotte et les bas étaient écarlates; le chapeau, noir. Le régiment des gardes suisses, levé encore dans les cantons, comptait dix compagnies de deux cents hommes : chaque capitaine recevait pour l'entretien 4202 livres par mois; la solde du colonel était de 400 livres par mois; les officiers suisses avaient les mêmes droits à l'avancement que les officiers français jusqu'aux grades les plus élevés. Les gardes françaises et les gardes suisses formaient brigade ensemble.

La *maison du roi*, loin d'être ménagée comme une troupe de parade, combattit toujours au premier rang. Le régiment des gardes françaises, décimé à Djigelli en 1664 et à Candie en 1669, prit part, dans la seule guerre de la première coalition, à la prise de Maestricht (1673) et à celle de Besançon (1674), à la sanglante bataille de Senef, au mois de juillet de la même année, à la campagne d'Alsace (1675), à la bataille de Cassel, aux sièges de Cambrai, de Saint-Omer, de Charleroi, de Gand, au combat de Saint-Denis. Partout il réclamait le poste le plus périlleux : on ne le vit jamais reculer.

Ces corps d'élite étaient bien près de la perfection : il s'agissait d'en rapprocher le plus possible le reste de l'armée.

MAISON DU ROI (CAVALERIE).

A cet effet les inspections furent rendues sérieuses : souvent les inspecteurs s'étaient faits les complices des colonels : ils les avertissaient de leur venue et se bandaient eux-mêmes les yeux. Louvois troubla tous ces accommodements : il fit de sa personne des tournées fréquentes ; il tombait au milieu d'un régiment comme la foudre, comptait les hommes, les passait en revue et prenait sur le fait les négligents et les fraudeurs. Les inspecteurs, eux-mêmes surveillés et contrôlés, furent

MAISON DU ROI (INFANTERIE).

forcés de voir la vérité et de la dire. Les *commissaires des guerres* inspectaient l'administration des régiments, l'effectif, l'habillement, l'équipement, les armes; on pourrait les comparer aux intendants d'aujourd'hui; l'inspection purement militaire était faite par d'autres officiers : Martinet inspecta l'infanterie ; c'était un homme intelligent, énergique et dévoué, que Louvois avait tiré de la bourgeoisie ; il fit si bien que l'attente du ministre fut dépassée. « Si les visites de M. de Martinet continuent, écrit Louvois en 1669, dans trois mois il n'y aura nulle différence de toute l'infanterie au régiment du roi. » L'inspection de la cavalerie fut confiée au chevalier de Fourilles. Aidé par ces hommes, Louvois établit l'uniformité dans le service et dans l'instruction, et rendit l'autorité du roi et la sienne partout présentes.

Louvois laissa debout les distinctions méritées : les douze plus anciens régiments, appelés familièrement les *vieux* et les *petits-vieux*, conservèrent la place d'honneur à la droite de l'infanterie. Le nombre des régiments varia beaucoup : en 1673 il était de soixante ; à côté des régiments français on en voyait de suisses, d'allemands, d'italiens, d'irlandais, d'écossais, d'anglais : toute l'Europe était conviée au service de Louis XIV. La cavalerie, malgré son déclin, composait encore le tiers des troupes. L'effectif de l'armée s'accrut de guerre en guerre : en 1666 l'armée se composait de 72 000 hommes; en 1672 elle comptait déjà 91 000 fantassins, 28 000 cavaliers, 97 bouches à feu. En 1678 elle atteignit le chiffre de 280 000 hommes (infanterie, 220 000 hommes ; cavalerie, 60 000). La révocation de l'édit de Nantes fit malheureusement passer à l'ennemi 20 000 soldats et plus de 5000 officiers. En même temps les épidémies causèrent de grands ravages dans les trente-trois régiments employés à la dérivation de l'Eure. Il fallut ordonner de nombreuses levées pour remplacer les absents et les morts. Les racoleurs cherchaient des hommes ; mais le racolage, source qui s'épuise, ne répondit pas aux exigences de la situation. L'*arrière-ban* était un rouage usé : supprimé par Richelieu, il avait été rétabli après lui, mais l'élite de la noblesse servait dans l'armée régulière; l'arrière-ban en était le rebut. Convoqués en 1674, ces hobereaux ne s'étaient signalés que par leur indiscipline et leur lâcheté : Louvois avait dû les congédier pour l'honneur de la France et remplacer de nouveau le service personnel par une taxe.

Cependant il était urgent que l'armée se refît et se complétât; il n'y avait pas de temps à perdre : la France allait se trouver seule en face de l'Europe coalisée. S'adresser directement à la nation même était évidemment le salut, mais c'était aussi une révolution. Que deviendraient la vénalité des charges, l'industrie militaire, le privilège, la tradition? Quelle atteinte aux vieux préjugés, aux intérêts particuliers! Quels soulèvements de colère et de haine! Il fallait un homme comme Louvois pour les braver en face; il ne vit que l'intérêt de la France, et se laissa maudire. Au mois de décembre 1688 une ordonnance royale prescrivait aux intendants de province de faire procéder dans toutes les paroisses, suivant leur importance, au choix d'un ou plusieurs miliciens; le service durerait deux ans. C'était l'ancienne institution des francs-archers dont on reprenait le principe, avec la volonté d'en faire une meilleure application. Les ordres du roi s'exécutèrent dans le plus grand ordre; les miliciens furent tirés au sort parmi les célibataires de vingt à quarante ans; ils furent habillés, équipés, armés, soldés aux frais des paroisses; les officiers, depuis le lieutenant jusqu'au colonel, furent choisis parmi les gentilshommes de la région, connus des paysans, et dont beaucoup avaient servi. Ces troupes, improvisées mais formées en partie d'anciens soldats, constituèrent une excellente réserve; elles reçurent quelque instruction, et, quand on les mena au feu, elles firent honneur à la France. Le roi fut si satisfait de leurs services, qu'il les garda quatre années au lieu de deux, et qu'après les avoir licenciées en 1692, il ordonna de les remplacer. Cette fois tous les hommes valides, mariés ou non, furent soumis au tirage au sort, et cette conscription exceptionnelle donna jusqu'à

70 000 hommes, dont 25 000 furent mobilisés et envoyés à l'ennemi; ils gardèrent les côtes, les Pyrénées et les Alpes, et la victoire de la Marsaille leur appartient en grande partie. Cette institution de Louvois ne devait pas lui survivre plus de quelques années: elle heurtait trop d'habitudes, d'entêtements et d'égoïsmes. Il était du moins établi que la nation contenait des ressources précieuses sur lesquelles on pouvait compter. La *milice* de Louvois avait été le petit commencement d'une grande chose, qui est l'armée de la France moderne, armée du sacrifice et du patriotisme.

Louvois s'occupa surtout du personnel de l'armée, et il donna à la France de bons soldats et de bons officiers. Il s'occupa aussi du matériel, améliora l'équipement, l'armement, l'approvisionnement et tous les services militaires; il descendit aux moindres détails, aussi versé dans les études techniques que dans la connaissance des hommes de son temps.

Avant Louvois l'armée n'avait pas d'uniforme. Depuis la fin de la guerre de Trente Ans, la cuirasse, impuissante contre les armes à feu, avait été enlevée aux soldats; elle fut laissée aux officiers, mais, devenue un simple insigne, elle se réduisit de plus en plus, au point de devenir le hausse-col d'aujourd'hui. La cuirasse supprimée, les vêtements de dessous, dont on ne s'était pas mis en peine, apparurent aux yeux dans leur étrangeté et leur bigarrure. L'uniforme n'est pas affaire de parade; il développe l'esprit de corps et l'esprit militaire: n'est-ce pas un vêtement fait avec un drapeau? A la vérité, cet argument ne fut pas le principal aux yeux de Louvois; frappé de l'insuffisance des vêtements militaires, il résolut d'empêcher les colonels de s'enrichir aux dépens de la santé du soldat. Il lui sembla aussi que « les hommes auraient plus de peine à déserter, s'ils étaient vêtus de la même manière, parce qu'on les reconnaîtrait plus facilement ». Il

INFANTERIE. GARDES SUISSES. GARDES FRANÇAISES.

MAISON DU ROI MOUSQUETAIRES. GARDES DU CORPS. CHEVAU-LÉGERS

CAVALERIE LÉGÈRE ET DRAGONS.

trouvait à l'uniforme l'avantage d'établir entre les hommes du même grade une entière égalité: on ne verrait plus au soldat un habit plus fin qu'à son chef; il n'y aurait plus dans le rang ni riches ni pauvres, ni nobles ni roturiers, ni bourgeois ni paysans : sous l'uniforme il n'y aurait plus que des soldats français. L'armée serait enfin plus étroitement soumise au roi le jour où elle porterait ses couleurs; l'uniforme royal, substitué à la livrée des colonels, communiquerait aux cœurs les sentiments royaux, et des régiments vêtus de la même manière obéiraient comme un seul homme.

Amoureux de l'étiquette et de la magnificence, le grand roi avait déjà institué une sorte d'uniforme civil destiné à l'ornement de sa cour; quelques seigneurs privilégiés avaient reçu de lui la permission de porter un justaucorps de coupe et de couleur particulières. De son palais cette prérogative passa à sa maison militaire; les gardes du corps, les mousquetaires, les chevau-légers reçurent un uniforme somptueux, et les gardes françaises adoptèrent en 1670 leur tenue restée célèbre. Louvois invita les régiments à imiter la maison du roi. Les colonels, moins par obéissance que par vanité, rivalisèrent d'empressement, et en 1670 presque tous avaient réussi à habiller leurs hommes. La nouvelle tenue n'était pas encore très soignée; les habits à grandes basques étaient d'une ampleur démesurée, et le feutre à larges bords, analogue au chapeau de nos Bretons, était une coiffure peu militaire. Mais Louvois, forcé à l'économie, cherchait peu l'élégance et répudiait le luxe. « C'est chose ridicule, disait-il, que les parements de velours et les cravates de dentelles. » Ce ne fut qu'après sa mort qu'on sacrifia un peu à la coquetterie. En 1697 le chapeau fut l'objet de remaniements: on en retroussa les bords de trois côtés, on le galonna d'or ou d'argent, on le décora d'une cocarde : ce chapeau classique s'appelait le *lampion*. Les habits reçurent aussi leurs ornements: des boutons métalliques dessinèrent gracieusement les devants, la taille, les poches, les parements ; faits de drap gris, ils étaient embellis de doublures bleues, rouges ou blanches, qui se montraient le plus possible. La culotte courte, avec des bas de couleurs variées et des souliers à boucle, complétait le costume. Dès Louvois les officiers portèrent cet uniforme, de coupe soignée et de drap fin ; les épaules étaient flanquées de deux grosses cocardes de rubans, origine de nos épaulettes.

Avant Louvois l'armement aussi manquait d'unité : l'infanterie se composait de deux catégories de soldats, les uns armés du mousquet, les autres de la pique ; les premiers combattaient de loin et ne pouvaient se défendre de près ; les seconds se battaient corps à corps, mais ne servaient que dans les mêlées ; le mousquet répondait au feu de la mousqueterie, mais était à la merci de la cavalerie ; la pique était la seule défense contre les charges, mais ne pouvait rien contre le feu de l'ennemi. Le mousquet dépourvu de baïonnette n'était, comme arme d'*hast*, qu'un mauvais bâton. Le malheureux soldat était réduit pour se défendre à le prendre par le bout et à frapper avec la crosse comme avec une massue. L'insuffisance du mousquet rendait la pique nécessaire ; mais les piquiers, plus à plaindre encore, recevaient les balles sans les rendre, et beaucoup jonchaient le sol avant qu'un seul d'entre eux pût donner un bon coup de pique. Ces armes étaient aussi incommodes qu'incomplètes. Aujourd'hui le fusil Chassepot a fait son temps, le fusil à piston nous paraît ridicule et le fusil à pierre invraisemblable. Le *mousquet*, successeur de l'*arquebuse*, était aussi loin du fusil à pierre que le fusil à piston est loin du chassepot : chacune de ces armes marque une longue étape du progrès. Rien de plus compliqué que la charge du mousquet : le soldat prend la poudre dans sa giberne, la verse dans le canon, ajoute la bourre et la balle, foule le tout avec la baguette ; maintenant il s'agit de mettre le feu : opération longue et difficile.

L'homme au mousquet, n'ayant que deux mains, commence par déposer son arme par terre, afin qu'elle ne tombe pas; puis il tire son briquet de sa poche, ajuste la mèche et se met en devoir d'arracher à la pierre rebelle l'étincelle problématique; son attention est parfois distraite par les balles qui sifflent ou par les escadrons qui s'élancent; enfin le feu prend; le soldat ramasse le mousquet, fixe soigneusement sur le serpentin la mèche allumée, la compasse et la ravive; est-elle trop courte, il n'a pas le temps de viser : le coup part trop tôt et se perd, s'il ne tue pas le voisin; est-elle trop longue, le malheureux, forcé de rester en joue, doit attendre qu'il plaise à la poudre de prendre feu. Le mousquet exerçait l'homme à la patience. Qu'était-ce donc quand la pluie tombait, mouillait la poudre, éteignait la mèche, ou quand la cavalerie ennemie, survenant au galop, surprenait le fantassin désarmé, le briquet à la main! Le mousquet, mauvais le jour, était pire encore la nuit : l'obscurité retardait la charge, et la lueur des mèches trahissait la place et le mouvement des troupes. La pique avait encore plus de défauts que le mousquet : elle ne mesurait pas moins de quatorze pieds, cinq mètres! Comment porter une telle perche? Le poids fatiguait les plus robustes, la gêne rebutait les plus courageux; on vit plus d'une fois des piquiers jeter leurs piques, et des hommes armés de mousquets, laissés sans défenseurs, les suivre bientôt dans leur fuite. Aussi la cavalerie était-elle encore l'arme la plus redoutable en rase campagne : de loin le tir n'était pas assez nourri pour la détruire; de près, la pique ne l'effrayait guère et le mousquet ne servait de rien.

Ces défauts devaient disparaître ou s'atténuer dans l'armée française par les soins de Louvois. Le fusil fut substitué au mousquet et la baïonnette à la pique. La différence du fusil et du mousquet, c'est que le fusil est muni d'un chien et le mousquet d'un serpentin : le *serpentin* nécessite une mèche difficile à allumer; le *chien* s'abaisse par un ressort, frappe le silex, et le coup part. Avec le fusil la charge est facile, le feu rapide. Le fusil était connu depuis quelque temps, et les amis du progrès le réclamaient à grands cris; les routiniers repoussaient tout changement; ils reprochaient au fusil ses ratés encore fréquents, son ressort délicat, sa pierre qui s'usait, par-dessus tout sa nouveauté. La question de la pique était mêlée à celle du mousquet : les uns l'attaquaient avec acharnement; les autres la défendaient avec rage; les premiers étaient les plus clairvoyants, mais les seconds ne manquaient pas d'arguments. « Une modification dans l'armement, disaient-ils, est chose grave et qui veut être mûrie : nous avons l'habitude du mousquet et de la pique; c'est sur l'emploi de ces armes qu'est fondée toute l'éducation du soldat et de l'officier, mieux encore toute la tactique et l'art de la guerre. Changer d'armes, c'est presque se désarmer. » « Le fusil, ajoutaient-ils, remplacera le mousquet peut-être, mais par quoi remplacer la pique? Commencez par trouver une arme qui la remplace. » Louvois, sans parti pris, pesait le pour et le contre. Il déplorait l'imperfection de l'armement et craignait aussi le danger des innovations brusques. Pendant la guerre du droit de dévolution il imposa silence aux novateurs et leur refusa le fusil; mais il leur fit une première concession en diminuant la proportion des piquiers : ceux-ci formaient naguère la moitié de l'effectif; Louvois les réduisit

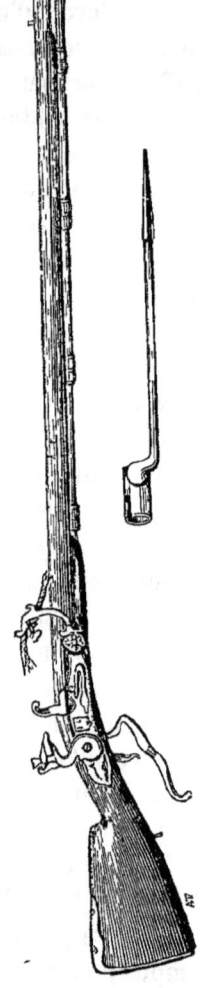

FUSIL - MOUSQUET ET BAIONNETTE A DOUILLE.

d'abord au tiers, et, la guerre finie, au quart. La compagnie de soixante-dix hommes n'en comptait plus que dix-huit; celle de cinquante, douze seulement. En même temps il augmentait la solde du piquier pour surmonter sa répugnance. La paix faite, il en profita pour mettre à l'essai le fusil tant souhaité; on en distribua quatre par compagnie aux plus adroits tireurs. L'expérience démontra bientôt la supériorité de l'arme nouvelle : le mousquet fut condamné, et le fusil triompha. On en arma d'abord les corps d'élite, les *mousquetaires*, qui n'en gardèrent pas moins leur nom, les grenadiers, les dragons (1670), et, l'année suivante, un régiment nouveau, qui reçut le nom de *fusiliers*. Le dessein de Louvois était de donner le fusil à toute l'infanterie; la permanence de la guerre, la pauvreté du trésor, enfin la mauvaise volonté de Louis XIV l'empêchèrent de compléter cette réforme. Il ne lui fut pas donné de voir disparaître l'arme qu'il avait proscrite; il fallut un désastre pour ouvrir les yeux à Louis : quand il eut vu à Steinkerque un régiment français disparaître sous le feu des fusils anglais, il se rendit à l'évidence; la réforme s'acheva lentement, et le mousquet des vieux âges, après une agonie de dix ans, reçut enfin le coup de grâce en 1703.

L'histoire de la pique ressemble à celle du mousquet; la pique, haïe et méprisée, a la vie dure et se défend. Longtemps on chercha sans succès le moyen de la remplacer : les soldats n'en voulaient plus; mais comment les défendre contre la cavalerie? Le fusil, comme arme d'*hast*, n'était pas meilleur que le mousquet. On eut recours quelque temps à un expédient singulier : l'infanterie fut pourvue de *chevaux de frise*, sorte de haies portatives hérissées de pointes; c'était une barrière excellente, mais un engin bien encombrant; les soldats étaient convertis en porteurs; le bel ordre des compagnies en était troublé et la marche ralentie. Les chevaux de frise n'étaient qu'une fausse solution du problème : ce fut

Vauban qui trouva la vraie. Rien ne nous semble aujourd'hui plus simple que la baïonnette : l'invention en a été pourtant des plus pénibles. Vauban, qui fut le premier à y penser, ne fabriqua d'abord qu'une méchante broche qu'on enfonçait dans le canon du fusil comme un bouchon de carafe; cette baïonnette primitive rendait le tir impossible ou fatal au tireur distrait ; elle faussait le canon au moindre choc, et il devenait difficile de la retirer. Louis XIV et les conservateurs avaient beau jeu à l'attaquer; mais Vauban cherchait toujours, et il était de ceux qui trouvent. Ce fut en 1687 qu'il imagina la vraie baïonnette, qui ne gêne pas le tir, qui ne fausse pas l'arme et qu'on retire à volonté; tous ces dangers étaient écartés par l'invention de la *douille*, large bague de fer qui tient à la baïonnette et qu'on passe au bout du canon. L'arme à feu, fusil ou mousquet, était doublée d'une arme d'escrime : meurtrière de loin, terrible dans la mêlée, elle devenait l'arme la plus terrible qu'eût jamais imaginée le génie humain. On s'attendait à la disgrâce irrévocable de la pique : il n'en fut rien ; Louis XIV la maintint longtemps encore; la baïonnette ne fut donnée qu'aux hommes armés de fusils, et les armées étrangères profitèrent de l'invention de Vauban avant le gros de l'infanterie française. Louvois n'était pas tout-puissant : il ne réussit pas à persuader le roi ; la pique lui survécut comme le mousquet; les défaites seules démontrèrent au parti de la routine que la pique avait fait son temps. En 1704, l'infanterie fut délivrée de la pique comme du mousquet.

L'adoption du fusil et de la baïonnette entraînait une réforme dans la tactique : les rôles ne furent plus partagés; un homme suffit pour combattre de loin et de près; un soldat en valut deux. La puissance du feu eut pour conséquence de diminuer encore le nombre des rangs et d'augmenter le nombre des files[1]. L'infanterie étendit son front sans perdre sa soli-

---

1. Un *rang* se compose d'hommes les uns à côté des autres; une *file* se compose d'hommes les uns derrière les autres.

dité. Louvois lui avait aussi donné une arme nouvelle : le régiment du roi avait le premier fait l'essai des grenadiers, soldats qui lançaient des grenades (petites boules de fer remplies de poudre) ; en 1671 chaque régiment dut former une compagnie de grenadiers. Le rôle de l'infanterie grandissait, celui de la cavalerie diminuait d'autant ; Louvois en réduisit la proportion : jadis cent cavaliers se moquaient de cent mousquets et de cent piques ; cent fusils suffirent pour les décimer de loin et leur opposer un mur infranchissable. Le temps de la chevalerie était loin : celui de la *pédaille* était venu. La cavalerie n'eut cependant rien à reprocher à Louvois ; elle reçut de lui de nouvelles armes : le sabre, qui fut donné à tous les régiments à la place de l'épée, et la carabine rayée, qui fut donnée seulement à quelques-uns. Les régiments de dragons furent portés de deux à quatorze : faits pour combattre à pied et à cheval, ils devinrent les émules des mousquetaires.

L'artillerie ne fut pas oubliée. Louvois lui donna des troupes : en 1671 il créa une compagnie de canonniers pour servir les pièces, et le régiment des *fusiliers du roi* pour lui servir de défenseurs, à la place des Suisses. En 1676 il organisa deux compagnies de bombardiers et dix de canonniers, troupes d'élite, qui furent réunies plus tard, en 1693, sous le nom de Royal-Artillerie. Le grand maître de l'artillerie conserva quelques-unes de ses prérogatives, par exemple son vieux droit sur tous les objets de cuivre et de fer des villes prises ; mais il perdit son indépendance et subit la loi commune. Les officiers continuèrent d'acheter eux-mêmes leurs munitions et de recevoir tant par coup ; mais ils ne furent plus considérés comme des entrepreneurs civils, et l'artillerie devint définitivement une des trois armes, aussi glorieuse que les deux autres. Vauban, le vrai directeur de l'artillerie, Dumetz, et le corps des ingénieurs militaires l'enrichirent d'inventions précieuses. Les pontons de cuivre remplacèrent avec avantage les outres et les tonneaux des vieux âges; le tir à ricochet et les feux courbes du *mortier* déjouèrent le défilement des places; les sièges furent menés à coup sûr : l'ouverture solennelle de la tranchée, les trois parallèles et l'assaut final étaient invariablement réglés comme les cinq actes d'une tragédie classique. La guerre de siège était la guerre favorite de Louis XIV : l'artillerie y doubla d'importance.

Louvois, aidé de Chamlay, s'occupa aussi d'assurer à l'armée sa nourriture quotidienne; on l'a appelé « le grand *vivrier* ». Personne avant lui n'avait songé à établir des réserves de vivres : on ne se mettait pas en peine des subsistances et des approvisionnements; le soldat, vivant de pillage, avait ses jours d'abondance et ses jours de misère, ceux-ci les plus nombreux; heureuse ou non, la maraude engendrait l'indiscipline; quant aux chevaux, on les nourrissait avec l'herbe des prairies. Louvois fit le premier construire de vastes magasins qu'il tint remplis en tout temps; la guerre éclatait : le pain était prêt pour les hommes, le fourrage pour les chevaux. On ne saurait croire combien cette idée si simple augmenta la puissance stratégique de l'armée française : la cavalerie n'était plus forcée d'attendre le printemps pour marcher, et l'homme, à l'abri de la faim, était plus soumis et se battait mieux; c'est à cette innovation, en même temps qu'au génie de Turenne, qu'est due la fameuse campagne d'hiver en Alsace, qui frappa de stupeur les ennemis de la France.

Louvois fit tout pour préparer des soldats et forcer la victoire; il ne s'occupa pas moins des blessés, dont il n'avait plus rien à attendre. L'œuvre de Henri IV avait été interrompue; les seuls hôpitaux d'alors étaient les monastères; quelques mutilés y étaient recueillis, mais ils vivaient rarement en bonne intelligence avec les moines. Louvois, s'il fit beaucoup d'invalides, organisa de vastes ambulances et fit construire de grands hôpitaux. Lui-même il se fit directeur d'un hôpital, le plus beau qu'on ait jamais fondé, l'hôtel des Invalides; là les débris de nos guerres étaient recueillis et soignés; Louvois, le dur ministre, l'administrateur froid, le justicier inflexible, fut pour les Invalides un gouverneur doux et bon. S'il leur laissa l'uniforme, la discipline et l'organisation militaires, ce fut par une délicate pensée : il savait qu'à l'homme de cœur le bien-être ne suffit pas et qu'il lui faut encore la dignité ; il continua de regarder les invalides comme des soldats et fit de son hôpital l'image d'une place de guerre.

Le siècle de Louis XIV marque l'apogée de l'ancien régime; Colbert et Louvois ont achevé l'œuvre de Richelieu. L'organisation administrative fonctionne comme une machine bien montée : tout ce qui pouvait en entraver la marche a été supprimé; toute opposition est détruite; le roi, maître absolu, seul représentant de la nation, dit avec raison : « L'État, c'est moi. » L'Europe coalisée a été vaincue comme les ennemis de l'intérieur; la France atteint sur plusieurs points ses frontières naturelles et possède son « pré carré » : elle domine le monde par ses armes, par ses idées, par sa civilisation.

DIX–HUITIÈME SIÈCLE

1. — L'ANCIEN RÉGIME

Après Louvois l'armée reste jusqu'à la Révolution constituée sur les mêmes bases, mais elle chancelle et menace ruine, ébranlée et minée comme l'ancien régime tout entier. Louis XIV, vieilli de corps et d'esprit, s'entoura des hommes qui avaient été jeunes avec lui. Un courtisan incapable, Chamillard, fut chargé des finances et de la guerre, « deux fardeaux dont chacun eût suffi à accabler de plus fortes épaules ». Tous les abus reparurent : les effectifs redevinrent incomplets ; les grades furent donnés à la faveur, et l'on revit des enfants à la tête des régiments ; les troupes furent mal payées, mal équipées, mal armées ; on ne compta plus les déserteurs ; les magasins manquèrent de tout, tandis que la noblesse portait dans les camps ses habitudes de luxe et de frivolité. Les défaites suivirent les défaites : la France entamée courut le plus grand danger, et n'y échappa qu'au prix des plus durs sacrifices ; le sentiment national, réveillé par l'appel du roi, donna de nombreux engagements et transforma les miliciens en héros : Denain fut un éclatant retour de fortune, et la France sortit de la lutte affaiblie, mais non humiliée.

Le roi, en se chargeant de toutes les fonctions, avait entrepris une tâche au-dessus des forces humaines. Louis XV y suffit presque, mais il ne prit pas comme son prédécesseur son rôle au sérieux ; il jouit des restes de la monarchie, disant : « Après moi le déluge. » La machine administrative, si bien montée qu'elle soit, se disloque : les ressorts en ont été trop tendus, et Louis XVI viendra trop tard pour la rajus-

RACOLEURS DU QUAI DE LA FERRAILLE.

ter. L'aristocratie et le roi lui-même se laissent mourir comme d'un lent suicide. A l'extérieur la France perd son rang, et son honneur même est compromis ; son armée, déchue comme tout le reste, a cessé d'être la première du monde.

Elle est atteinte de maux incurables, que Louvois a combattus de toute sa force et qui font après lui des progrès redoutables. Les soldats ne se recrutent plus que dans les bas-fonds de la société : les embaucheurs vont les chercher dans les cabarets des faubourgs et jusque dans les maisons de force ; on ferme les yeux sur leurs antécédents.

> Vous connaissez ce quai nommé de la Ferraille,
> Où l'on vend des oiseaux, des hommes et des fleurs[1].

C'était sur ce quai voisin du Pont-Neuf[2], dans des cabarets borgnes vulgairement appelés *fours*, que les recruteurs de profession avaient établi le siège de leur industrie. Habile à toiser les gens, le racoleur avise dans les rues de Paris un pauvre hère bayant aux corneilles, un laquais renvoyé, un ouvrier sans ouvrage, un fils de famille chassé de la maison paternelle, presque enfant encore : éminemment sociable, il engage avec lui la conversation, le questionne, le plaint, et de proche en proche en vient à lui vanter les délices de la vie de soldat et à faire germer dans son cerveau la vocation militaire. Poussé par la faim, à moitié séduit, le naïf se laisse entraîner au cabaret ; il s'agit de lui enlever ce qui lui reste de raison : c'est le second acte de la pièce. Le racoleur fait sonner l'argent dans sa poche, donne carrière à toute son éloquence et la renforce encore de larges rasades. A l'entendre, la vie de garnison est une vie joyeuse, une fête perpétuelle : on y trouve bon souper, bon gîte et le reste ; de bons habits en hiver et de quoi boire en toute saison ; la caserne est un pays de cocagne ; la guerre, c'est la gloire et la richesse ; à partir de 1743[3] il ne manque pas de citer le vers de Voltaire :

> Le premier qui fut roi fut un soldat heureux.

---

1. Florian, *l'Habit d'arlequin*.
2. Aujourd'hui quai de la Mégisserie.
3. Date de *Mérope*, tragédie de Voltaire.

Étourdi par un tel lyrisme, grisé de vin et d'ambition, le patient ne s'appartient plus : le racoleur tient sa proie, il ne la laisse pas échapper ; il faut que l'engagement soit signé séance tenante ; il a tout ce qu'il faut pour écrire ; si la victime hésite, il guide sa main mal assurée ; si elle résiste, le bretteur apparaît derrière le racoleur : l'œil en feu, le chapeau sur l'oreille, l'injure à la bouche, il tire du fourreau sa grande rapière ; l'autre est sans armes, personne ne viendra à son secours ; il ne lui reste d'autre alternative que de recevoir un bon coup d'épée ou de donner sa signature. L'engagement est signé, engagement en due forme, qui lie le malheureux pour quatre ans au moins. Après quoi c'est le tour d'un autre ; le racoleur se remet en chasse, et son métier ne chôme pas. A peu de chose près, c'est ainsi qu'opèrent de nos jours ces négriers d'un nouveau genre qui exportent des coolies chinois.

De pareilles recrues font des soldats médiocres et d'étranges gardiens pour la société ; le métier militaire ne fait que les aigrir ; au lieu des jouissances promises, le régiment ne leur offre qu'abjection et misère, un mauvais lit pour deux, dans un galetas ; des loques en guise d'uniforme ; du pain de son pour nourriture ; de durs exercices et des punitions corporelles : la vie d'un chien enchaîné qu'on dresse au combat. L'armée offre ce constraste frappant que les hommes de troupe appartiennent aux plus basses classes et le commandement à la plus haute aristocratie. Sur quatre-vingt-dix millions de solde annuelle que le trésor paye à l'armée, il y a quarante-six millions pour les officiers, quarante-quatre seulement pour les soldats. Nul espoir d'avancement pour l'homme racolé, bon ou mauvais : considéré comme de race inférieure, il ne dépassera pas le grade de sergent. Tant d'inégalité le révolte ; l'armée est décimée par la désertion : Voltaire trouve soixante mille déserteurs en huit ans, et l'armée prussienne compte jusqu'à vingt mille transfuges français[1].

Les milices provinciales, sorte d'armée de réserve, se recrutent par les levées forcées, et non par le racolage; mais les abus n'y sont pas moins criants que dans les troupes de ligne. Chaque paroisse doit fournir un homme : en principe, cet homme est tiré au sort, mais on exempte du tirage non seulement les nobles et les bourgeois, mais « tous les garde-chasse, garde-bois, domestiques et valets à gages des ecclésiastiques, des communautés, des maisons religieuses, des gentilshommes, » et même des bourgeois et des cultivateurs aisés; on exempte en un mot tous ceux qui ont quelque protecteur. Il ne reste pour le tirage que les pauvres dénués de tout appui. Aussi le service dans la milice, moins rude pourtant que dans l'armée, remplit le paysan d'épouvante : les uns s'enfuient dans les bois le jour du tirage; la maréchaussée les y poursuit et les punit du fouet; d'autres se coupent le pouce. A Paris les levées produisent des émeutes : dans les camps les désertions sont innombrables. Troupe temporaire en principe, la milice est en fait presque permanente; en 1742 on lève soixante mille miliciens pour en envoyer la moitié en Bohême; ils sont licenciés à la paix en 1748 et rappelés en 1756; vingt et un bataillons sur cent douze sont réunis aux troupes de ligne et prennent part à la guerre de Sept Ans; en 1761 on en compte 75 000 sous les armes. Supprimés en 1763, ils sont rétablis en 1771 et forment quarante-sept régiments dits *provinciaux;* la plupart se bornent à garder les côtes menacées; quelques-uns partent pour l'Amérique comme volontaires. Les miliciens ne manquent certes pas de courage; ce

---

[1]. La désertion est la conséquence fatale du racolage et de la vénalité des charges. Il y a peu d'années l'armée anglaise était encore tout entière organisée à l'image du siècle passé; elle se recrutait par enrôlements volontaires dans l'écume des villes, et les grades d'officier s'y vendaient à prix d'argent : en cinq années on compta dix-huit mille déserteurs et huit mille hommes renvoyés comme indignes; un régiment partant pour l'Inde avait la moitié de son effectif au-dessous de vingt ans.

sont les abus qui les rebutent; dans la milice comme dans l'armée de ligne la condition du soldat est avilie comme aux derniers jours de l'empire romain.

A ces abus s'en joignaient d'autres qui produisirent les plus grands désastres. Sous Louis XV les grands commandements étaient souvent donnés à des favoris : de futiles intrigues décidaient des questions les plus graves, et c'était dans les salons que les officiers gagnaient leurs grades ou déméritaient, jouets d'un caprice ou d'une cabale. Ces courtisans improvisés généraux restaient à l'armée ce qu'ils étaient à la cour, frivoles, ignorants, incapables; ils ne manquèrent pas de bravoure : en France cette qualité n'a jamais fait défaut; mais ils n'avaient aucun talent militaire; la guerre était pour eux une partie de plaisir où ils rivalisaient de luxe et de magnificence, comme s'il se fût agi d'une chasse à courre. Il fallait un millier de chevaux pour traîner les bagages du duc de Villeroy. On voyait à l'armée du prince de Soubise douze mille chariots appartenant à des marchands et à des vivandiers, « sans compter le train nécessaire pour les officiers » et toute la valetaille. Les camps étaient encombrés de boutiques innombrables où l'on vendait des articles de modes pour hommes et pour femmes, des étoffes de soie, des parfums, des parasols, des bourses à cheveux, des boîtes à mouches... L'armée était comme noyée au milieu de cette cohue; dans les pays mal approvisionnés les bouches inutiles et les bêtes de somme dévoraient la nourriture des soldats et de leurs chevaux, et dans les marches les mouvements des troupes étaient entravés sans cesse par les files interminables des voitures. Les généraux donnaient à l'armée l'exemple de l'avidité et de la débauche : leur vie scandaleuse s'étalait aux yeux de tous avec un cynisme effronté. Les déprédations du duc de Richelieu en Hanovre sont demeurées fameuses : de retour à Paris, il se fit bâtir du fruit de ces richesses mal acquises un élégant pavillon que le public, toujours gaiement satirique, baptisa du nom de *pavillon de Hanovre*. Un tel général n'était apprécié que des pillards, qui l'avaient surnommé le *petit père la Maraude;* excités par son exemple, enhardis par l'impunité, c'était à qui commettrait le plus de brigandages. La guerre était la dernière chose dont on s'occupât, et l'on ne songeait pas plus à l'ennemi que s'il eût été à cent lieues. L'opinion publique, trop indifférente pour s'indigner d'une telle incurie, se bornait à la railler : chansons et épigrammes pleuvaient.

Les campagnes de Soubise, dit Napoléon, peuvent être regardées « comme le maximum de l'ineptie et de l'incapacité ». Le roi de Prusse semblait perdu : chassé de la Bohême, menacé par les Autrichiens au sud, par les Suédois au nord, par les Russes à l'est, par les Français à l'ouest, entouré, épuisé, abandonné, il ne fallait, ce semble, qu'un léger effort pour l'écraser : personne ne doutait de sa défaite, et lui-même il écrivait à Voltaire qu'il ne lui restait qu'à mourir en roi. Ce fut Soubise qui le sauva : la perspective d'une rencontre avec le grand Frédéric paralysa sa faible intelligence et lui fit perdre la tête; il avait cependant 50 000 hommes contre 20 000. Le découragement gagna les officiers, qui tinrent tous les propos propres à refroidir le courage des soldats : c'était une armée vaincue d'avance. Frédéric l'attaqua à Rosbach (1757) et la détruisit sans peine; il lui tua 3000 hommes, lui fit 7000 prisonniers et mit le reste en fuite : il n'avait perdu que 400 soldats. Le public, dans sa légèreté, rit de cette défaite plus qu'il n'en pleura, et, au lieu de prendre le deuil, Paris se contenta de chanter :

> Soubise dit, la lanterne à la main :
> J'ai beau chercher où diable est mon armée;
> Elle était là pourtant hier matin :
> Me l'a-t-on prise, ou l'aurais-je égarée?
> Ah! je perds tout : je suis un étourdi...

Le comte de Clermont, qui remplaça Richelieu à l'armée

de Hanovre, ne montra pas plus de capacité. Il était à la fois favori de la Pompadour, général en chef et abbé de Saint-Germain des Prés; un pareil cumul excitait déjà l'hilarité de ses contemporains : Frédéric l'appelait le général des bénédictins; en France on le chansonnait :

> Moitié plumet, moitié rabat,
> Aussi propre à l'un comme à l'autre,
> Clermont se bat comme un apôtre
> Et sert son Dieu comme il se bat.

Un général n'est pas tenu d'avoir du génie, mais il commet le plus grand des crimes quand il fait passer son intérêt particulier avant celui de son pays. Les généraux de madame de Pompadour restaient courtisans en face de l'ennemi; jaloux les uns des autres, ils se comportaient sur le champ de bataille comme dans un salon; chacun ne songeait qu'à se faire valoir et à éclipser les autres; de pareilles rivalités empêchaient toute action d'ensemble : on eût craint de contribuer à la gloire d'un rival; on se félicitait des échecs du voisin et l'on ne faisait rien pour lui porter secours : Soubise laissait battre de Broglie, de Broglie ne soutenait pas Soubise, et après le combat ils s'accusaient 'un l'autre de trahison. Des armées ainsi commandées sont condamnées à la défaite : quand chacun veut être le seul vainqueur, il est infaillible que tous soient vaincus. Il suffit que le soldat doute du commandement pour que la discipline soit en danger; qu'est-ce donc quand les généraux, par leurs mœurs scandaleuses et leur impéritie coupable, se font mépriser de leurs soldats? Naturellement portés à l'indiscipline, les racolés s'y croyaient comme autorisés par la conduite de leurs chefs; ils s'amollissaient dans l'ivresse et dans la gaieté la plus dissolue : la veille de Rosbach, six mille maraudeurs manquaient à l'appel.

Quelques actions d'éclat ne compensent pas tant d'humiliation; mais il serait injuste de ne voir que le mal, même en face du règne de Louis XV. Fleury n'avait rien fait pour défendre

« MESSIEURS LES ANGLAIS, TIREZ LES PREMIERS. »

la Pologne : « Il faut mettre du sang sur cette honte pour la cacher. » s'écrie le comte de Plélo. Il n'a que quinze cents hommes pour combattre trente mille Russes. « Je sais bien que je n'en reviendrai pas, écrit-il au ministre : je vous recommande ma femme et mes enfants ; » puis, avec sa poignée de braves, il fond sur les masses ennemies et y disparaît; c'est une folie, mais qui relève le nom de la France.

Dans la guerre de la succession d'Autriche un officier de fortune, le colonel Chevert, fait de ses soldats des héros : la citadelle de Prague semblait imprenable : Chevert en ordonne l'assaut. « Mes amis, s'écrie-t-il, vous êtes tous braves, mais il me faut un brave à trois poils... Le voilà, ajoute-t-il en désignant du geste un sergent : Tu vas monter le premier. — Oui, mon colonel. — La sentinelle criera : « Qui va là ? » Ne réponds rien. — Oui, mon colonel. — Elle tirera sur toi et te manquera. — Oui, mon colonel. — Tu la tueras. — Oui, mon colonel. — Et je suis là pour te soutenir. » Le sergent monte ; la sentinelle crie et manque le sergent, qui la tue : la ville est prise.

Dans la retraite de Bohême, les soldats de Belle-Isle, parmi lesquels Vauvenargues, supportaient sans murmures les plus grandes souffrances. A Fontenoy, sur le champ de bataille, les gardes françaises donnèrent aux Anglais une leçon de politesse; l'esprit chevaleresque n'était pas mort en France : il a ses grandeurs comme ses misères.

A Clostercamp, aux avant-postes, le sergent Dubois, surpris la nuit par les Anglais, menacé de mort s'il donne l'éveil, crie de toutes ses forces : « A nous, d'Auvergne, ce sont les ennemis; » et il tombe percé de coups. A son cri le capitaine d'Assas, qui se trouve en avant de ses soldats : « Tirez, chasseurs, ce sont les ennemis ». Les Français obéissent et tirent devant eux dans l'obscurité : ils tuent leur capitaine, mais avec lui beaucoup d'Anglais : l'armée est sauvée.

Ces souvenirs, nous avons le droit d'en être fiers, mais ils

DÉVOUEMENT DU CHEVALIER D'ASSAS.

n'effacent pas des défaites comme celle de Rosbach, l'abandon de l'Inde et du Canada, l'abaissement de la France. Au milieu de tant de désastres il est juste de constater que l'organisation matérielle de l'armée s'améliore et que, si elle ne gagne pas en valeur morale, ce n'est pas faute de réformes. D'Argenson, aidé du maréchal de Saxe, s'occupe de loger les hommes dans des casernes et leur assure une tenue convenable, mais qui a le défaut d'être incommode. Il crée à Metz une école militaire pour former de bons officiers, mais il ne l'ouvre qu'aux nobles. Il supprime le grand maître de l'artillerie et perfectionne les services accessoires de l'armée. Il augmente le corps des hussards, créé en 1692; il organise les chasseurs, les grenadiers, les éclaireurs. Après lui Choiseul (1761-1770) surveille le racolage et essaye de le confier à des recruteurs officiels. Il défend le soldat contre les violences et les exactions, et assure une pension aux vétérans vieillis sous le harnais. Il organise l'administration des régiments, égalise le prix des charges militaires et en interdit le trafic. Enfin il enlève au capitaine la propriété de sa compagnie, le force à rendre ses comptes exactement, et impose au colonel un officier comptable, agent du gouvernement; l'uniforme, l'équipement, l'armement sont mis au compte de l'État, et les vivres en régie. Tout est rapporté au ministère et centralisé : les *bureaux* deviennent une puissance. Plus tard, sous Louis XVI, Saint-Germain généralise dans l'armée française l'exercice à la prussienne, qui transforme l'homme en mécanique : il force le soldat à l'immobilité et augmente la rigueur de la discipline; il constitue les brigades et les divisions, réduit le nombre des officiers et diminue les dépenses de la *maison du roi*.

Au XVIIIe siècle l'artillerie est l'arme qui reçoit le plus de perfectionnements. Vallière, puis Gribeauval l'organisent sur le modèle de l'artillerie prussienne : allégée et rendue plus roulante, elle peut désormais suivre les troupes dans leurs mouvements; chaque bataillon d'infanterie est appuyé de deux pièces légères; l'artillerie de montagne est constituée. La charge est rendue plus aisée par l'invention de la *gargousse*, le tir réglé par celle de la *hausse*. La création des écoles d'artillerie facilite les inventions et les expériences. Une ordonnance de 1755 achève l'unité dans l'artillerie : la charge de grand maître fut supprimée; le corps tout entier, divisé en six bataillons ou brigades de seize compagnies, fut soumis à l'autorité immédiate du roi, sous le nom de *Corps royal de l'artillerie et du génie:* les ingénieurs y restèrent attachés, si bien que le nombre des officiers s'éleva à près de mille. Ce corps trop massif ne tarda pas à être morcelé en sept régiments (1765), mais l'ensemble continua de s'appeler le Royal-Artillerie. Gribeauval fait de l'artillerie française l'égale de l'artillerie prussienne : sa mémoire mérite la vénération dont elle est encore entourée.

Grâce à d'Argenson, à Choiseul, à Saint-Germain, à Gribeauval, l'armée est entourée des soins les plus vigilants, mais elle souffre de maux incurables qui ne disparaîtront qu'avec l'ancien régime. Les meilleures inventions des ministres échouent devant les préjugés et les résistances. Saint-Germain, qui veut nommer sous-lieutenants des officiers roturiers, est forcé de donner sa démission (1777). « Je me retire, dit-il; je ne veux pas assister aux funérailles de l'armée. » C'étaient les funérailles de l'ancien régime qui se préparaient. En 1781, à la veille de la Révolution, une ordonnance exige de tout officier la preuve de quatre quartiers de noblesse, en même temps que les coups de plat de sabre sont prescrits comme peine disciplinaire. Telles sont les satisfactions qu'on donne à l'opinion publique; l'armée se récrie comme la nation-l'irritation couve et grandit. Le soldat se défie de ses chefs, pour lui ce sont des étrangers et des ennemis; beaucoup des officiers, habitués des ruelles et des tripots, petits-maîtres libertins et sceptiques, uniquement occupés de leurs plaisirs, ne paraissent dans les garnisons que pour y causer du scandale. On s'aperçoit que les nobles ont conservé les privilèges sans les fonctions : le peuple observe, réfléchit et murmure ; les idées fermentent dans les têtes ; l'armée partage les sentiments du public : la sédition est universelle.

II. — LA RÉVOLUTION.

En 1789 l'armée régulière était forte de 173 000 hommes : l'infanterie était formée de 79 régiments français, de 23 régiments étrangers et de 12 bataillons de chasseurs à pied ; la cavalerie de 62 régiments, et l'artillerie, de 7 régiments ou 14 bataillons. Les troupes auxiliaires c'est-à-dire les milices provinciales, comptaient 55000 hommes, tous fantassins, constitués en 78 bataillons de garnison et 29 régiments, dont 13 de grenadiers royaux. La maison du roi se composait d'une dizaine de mille hommes. Le nombre des officiers était prodigieux : on comptait 1044 officiers généraux, maréchaux, lieutenants généraux, maréchaux de camp et brigadiers ; chaque régiment avait plusieurs colonels. La condition du soldat était misérable ; les abus étaient plus criants que jamais.

La Révolution, qui transforme l'État social et politique de la France, modifie les institutions militaires comme toutes les autres. Il n'était pas possible que l'ancien régime tombât et que l'armée de l'ancien régime restât debout. Secouée par l'ébranlement universel, elle se disjoint, chancelle et tombe ; un édifice nouveau sort de terre ; mais, construit trop vite, avec des matériaux imparfaits et sur un terrain mouvant, il n'est pas achevé qu'il s'écroule : alors avec les deux ruines on élève une troisième construction, bien cimentée, solide et durable.

L'armée ne resta pas longtemps étrangère à la Révolution :

comme la nation, elle se divisa en deux partis ennemis : d'un côté les hommes du passé, les officiers nobles, les soldats étrangers et les troupes soustraites aux influences populaires ; de l'autre la plupart des soldats français en garnison dans les villes et les officiers roturiers : les uns poussent le roi à la répression violente, les autres encouragent les agitateurs. Les gardes françaises, presque tous enfants de Paris, en garnison à Paris, partagent les passions parisiennes, et leurs sentiments ne tardent pas à se manifester : le jour de la séance royale du 23 juin, ils refusent de dissiper les attroupements formés autour du château de Versailles ; quelques-uns d'entre eux sont emprisonnés ; mais le 30 juin une bande de séditieux force la prison de l'Abbaye, les délivre et les porte en triomphe. Le 12 juillet, au moment où le prince de Lambesc, croyant un coup d'État possible, charge la foule à la tête du Royal-Allemand et pénètre dans les Tuileries, les gardes françaises, violant la consigne, sortent de leur caserne, la baïonnette en avant, et le rejettent hors du jardin et de la place Louis XV. Le lendemain ils se mêlent au peuple : le 14, ils sont à la tête de la multitude avec du canon et décident de la prise de la Bastille. La Révolution est entrée dans la période de violence.

Le reste de l'armée est gagné par la contagion. Travaillée par les agitateurs, elle est en proie à l'anarchie ; dans les villes les soldats endoctrinés fraternisent avec le peuple : le 1er octobre 1790 il manque 30 000 hommes à l'effectif. Ceux qui restent conservent d'abord assez d'esprit militaire pour maîtriser leurs sentiments, mais l'orage qui couve finit par éclater. A Nancy, au mois d'avril 1790, trois régiments mal payés s'emparent de la caisse du trésorier et s'insurgent ; le marquis de Bouillé, chargé de les ramener à la soumission, marche sur Nancy avec des troupes sûres et somme les trois régiments de poser les armes ; mais les rebelles, excités par le peuple, se retranchent dans leur caserne : un combat terrible s'engage, combat navrant où l'armée combat l'armée, où des Français tuent des Français : le soir 3000 hommes avaient péri ; le lendemain vingt-neuf mutins étaient fusillés et quarante-deux prenaient le chemin du bagne. Ces rigueurs étaient nécessaires, et Bouillé méritait les remerciements de l'Assemblée ; mais les Parisiens regardèrent les soldats insurgés comme des martyrs, et la répression de Nancy, loin d'intimider la révolte, ne fit que l'exaspérer. Les soldats, qui se sentent soutenus par l'opinion populaire, n'obéissent plus à leurs chefs ; les officiers nobles émigrent en foule et cherchent des ennemis à la France. Contre la sédition universelle le gouvernement a voulu employer la force ; mais la force s'est dérobée sous sa main : le roi est inerte et désarmé.

Pendant que l'ancien régime se décompose, la Révolution s'organise : le 12 juillet, les électeurs réunis à l'Hôtel de Ville ont décidé la création de la *garde nationale*, recrutée parmi les bourgeois : 48 000 hommes se forment en bataillons et en compagnies ; ils élisent eux-mêmes leurs officiers et leurs sous-officiers ; ils s'arment de 28 000 fusils enlevés aux Invalides et se font des piques avec les grilles des jardins ; le rouge et bleu, couleurs de Paris, composent leur cocarde. La province suit l'exemple de Paris : toutes les villes ont leurs gardes bourgeoises et des compagnies de volontaires. On trouve une milice dans les plus misérables villages : en six mois 400 000 fusils passent des arsenaux aux mains du peuple ; l'effectif officiel des gardes nationales s'élève à 2 571 000 hommes.

Confiante en cette cohue, l'Assemblée hâte la désorganisation de l'armée, dont elle redoute encore l'esprit militaire. Elle ne se borne pas à y détruire les abus, tels que la vénalité des charges et les peines corporelles, à ouvrir les grades au mérite et à la bravoure, à exclure les incapacités privilégiées, à introduire là comme partout l'égalité ; elle ne se contente pas de modifier des termes, de changer les régiments en demi-brigades, de les dépouiller de leurs vieux noms, Champagne, Picardie, d'Auvergne, et de les remplacer par des numéros; les milices provinciales sont supprimées par décret, et l'armée de ligne se disloque, affaiblie par les décès, par le départ de 2000 officiers et par la désertion de 30 000 soldats; ceux qui disparaissent ne sont pas remplacés, ceux qui restent sont réduits à serrer les rangs, comme sur le champ de bataille. Seule l'artillerie conserve presque intact son corps d'officiers. Le plan de l'Assemblée consiste à laisser l'ancienne armée mourir en quelque sorte d'inanition.

Mais l'armée nouvelle qui doit la remplacer n'existe que sur le papier : les gardes nationales sont sans cadres, sans uniformes, sans armes. Les premiers préparatifs de guerre montrent le danger de la situation : il faut des hommes. C'est à la garde nationale que l'Assemblée en demande : « Il sera fait dans chaque département une levée libre de gardes nationaux de bonne volonté, dans la proportion d'un sur vingt. » Les volontaires seront payés par l'État (15 sous par jour), quand ils seront employés. Un généreux élan répond à l'appel de l'Assemblée : les listes d'enrôlement se couvrent de signatures, surtout dans l'est de la France. 100 bataillons se forment, composés de gens de cœur qui préfèrent les camps à la place publique. Malheureusement leur bonne volonté ne suffit pas; les officiers nommés à l'élection sont souvent incapables ou indignes : intrigants, « muscadins, » grands parleurs, ils voient dans leurs hommes non des inférieurs à commander, mais des électeurs à ménager; ils ferment les yeux sur les désordres, vont au cabaret avec leurs hommes et laissent le camp se transformer en club; créatures de leurs soldats, ils sont peu obéis et peu respectés. Les meilleurs d'entre eux, ex-gardes françaises, ex-miliciens, anciens soldats, se dégoûtent de leur rôle et se retirent. Les bataillons fondent à vue d'œil : les hommes, sans éducation militaire, mal nourris, mal habillés, insubordonnés, se fatiguent bientôt du service;

beaucoup d'entre eux n'ont ni l'âge ni la force nécessaires pour porter leurs armes; ils demandent à retourner chez eux, et n'attendent pas toujours la permission pour partir.

Cependant la guerre est imminente. Le ministre de la guerre, M. de Narbonne, intelligent et patriote, révèle le mal à l'Assemblée et conclut à la nécessité de supprimer l'élection des officiers et de verser les gardes nationaux volontaires dans les troupes de ligne. Mais les exaltés de la gauche se récrient et s'indignent : « Une pareille réforme serait contraire à la liberté; la proposition du ministre est perfide et contre-révolutionnaire ; il serait à désirer que tous les soldats de l'armée fussent gardes nationaux... Pourquoi recruter l'armée? Qu'on sonne le tocsin à l'approche de l'ennemi, et tous les patriotes prendront les armes. » Ces divagations enfantines l'emportèrent sur la proposition sensée du ministre, et l'absurdité triompha de la raison : la discussion fut close, et l'Assemblée décréta que l'armée de ligne ne pourrait se recruter parmi les volontaires. C'était la condamner à une fin prochaine[1].

L'affaiblissement de l'armée ne fortifiait pas la garde nationale : de nouveaux bataillons étaient formés, mais les volontaires manquaient de tout et se débandaient. L'Assemblée, dans son optimisme, crut prévenir la désertion en interdisant le service militaire pendant dix années à tout homme qui abandonnerait son poste. Pénalité étrange, qui différait peu de l'impunité. La garde nationale avait été impuissante contre les désordres de l'intérieur : quelle allait être son attitude devant l'ennemi? Le 20 avril 1792 la guerre est déclarée entre la France et l'Autriche : 170 000 hommes (80 000 volontaires et 90 000 soldats) composent quatre armées à peu près égales commandées par Luckner, la Fayette, la Morlière et Montesquiou, les seuls officiers généraux qui n'aient pas émigré. La campagne débute par des désastres. « La première chose à

1. Voy. Rousset, *les Volontaires de 92*.

faire, s'est écrié Marat, c'est que l'armée massacre ses généraux. » Le cri de Marat est entendu : l'armée du Nord tue un de ses chefs et s'enfuit ; les armées du Rhin, du Centre et du Midi sont hors d'état de faire campagne. L'Assemblée ouvre les yeux et déclare la *patrie en danger* (juillet 1792) : cette déclaration est proclamée sur les places publiques avec un appareil solennel et lugubre ; des estrades se dressent en plein air pour recevoir les enrôlements au bruit de la musique et aux acclamations du peuple ; les tambours battent aux champs, voilés de crêpes, et le canon tonne par intervalles. Mais cet appel ne donne pas les résultats attendus : Paris, le plus enthousiaste, ne fournit que 5000 hommes ardents et résolus, mais la plupart chétifs, trop jeunes ou trop vieux, peu propres à la guerre ; la discipline leur est inconnue ; sans équipement, sans armes, sans habits, sans souliers, sans pain, ils se mutinent, prétendent imposer leurs volontés à leurs chefs, discutent leurs ordres et les accusent de trahison. « Nous sommes perdus, écrit Labourdonnaye, non pas par les ennemis, mais par nos désordres. »

Cependant une vaste coalition s'est formée contre la France ; Longwy et Verdun capitulent ; la situation paraît désespérée : Dumouriez la relève par sa fermeté ; les demandes qu'il adresse à l'Assemblée sont des sommations : « Compléter les troupes de ligne avec les gardes nationaux volontaires, incorporer les nouveaux dans les anciens bataillons, tel est, répète-t-il, le seul moyen d'avoir une armée... Il n'y a pas un instant à perdre... » Puis il prend l'initiative d'énergiques réformes : les déserteurs sont punis de mort ; les maraudeurs sont tondus, rasés et chassés sans uniforme ; les hommes impropres au service sont renvoyés. Enfin les volontaires, triés avec soin et durement menés, sont fondus avec les troupes régulières, encadrés parmi elles, soumis aux mêmes officiers : les bataillons de ligne, si faibles jusque-là, sont portés à huit cents hommes : l'armée de Dumouriez est unie et forte ; le succès ne se fait pas attendre. Les Prussiens, vieux soldats qui se croient invincibles, sont pleins de mépris pour l'armée française ; mais les jeunes soldats de Dumouriez, moins nombreux de dix mille, s'élancent, la baïonnette en avant, au cri de « Vive la nation ! » et repoussent l'ennemi étonné.

La victoire de Valmy sauve la France; Dumouriez, se

BATAILLE DE VALMY.

tournant contre les Autrichiens, les bat à Jemmapes et fait la conquête de la Belgique.

L'armée était sortie du chaos : malheureusement la réforme de Dumouriez ne fut pas généralisée; les autres volontaires continuèrent de former des troupes distinctes, dépourvues d'instructeurs et commandées, jusqu'au grade de lieutenant-colonel, par des officiers élus. Ils se portaient aux derniers excès, pillaient les magasins et désolaient le pays : un bataillon saccagea le musée de Nancy, et ses officiers le laissèrent faire. « Il y a tant de coupables, disait un général, qu'il faudrait une moitié de l'armée pour réprimer l'autre. »

L'anarchie était la même à l'armée qu'à Paris, et les exécutions de généraux ne devaient pas être plus salutaires que les exécutions des prêtres et des aristocrates.

De pareilles troupes rendaient peu de services; le général Biron, successeur de la Morlière, les trouvait plus embarrassantes qu'utiles. « J'ai déjà beaucoup trop de ceux qui mangent, disait-il, et beaucoup trop peu de ceux qui servent. » « Je ne puis répondre de mes troupes, écrivait un autre, et si l'ennemi sait profiter de notre licence, nous serons irrévocablement battus. » Les désertions étaient si nombreuses, que des bataillons étaient réduits de 600 à 120 hommes, et des compagnies à deux hommes, cadre compris. Beurnonville constatait dans son corps plus de cent désertions par jour : la route de Paris était couverte de volontaires qui revenaient chacun chez eux.

L'armée de ligne ne pouvait suffire à la tâche; riche en cadres, mais pauvre en hommes, elle ne dépassait pas le chiffre de 112 000 hommes, morcelés en une infinité de fractions. Dumouriez avait montré où était le salut, mais il fallut une série de défaites pour que l'Assemblée se laissât persuader; quand Mayence et Toulon furent aux mains de l'ennemi et que les armées françaises reculèrent de toutes parts, la Convention, qui avait d'abord tourné sa colère contre le roi et les Girondins, la tourna contre l'étranger avec une énergie incroyable. Elle prit la résolution d'employer enfin le vrai remède: les volontaires étaient nombreux, mais ils manquaient d'officiers capables et de bons sous-officiers; de là l'absence de discipline et d'instruction; les troupes de ligne étaient bien commandées, exercées et disciplinées, mais leurs effectifs étaient incomplets; de là leur faiblesse. Les bandes de volontaires étaient des troupes sans cadres, les régiments de ligne des cadres sans troupes. Seuls les volontaires pouvaient compléter les troupes de ligne; seules les troupes de ligne pouvaient fournir les officiers et les sous-officiers nécessaires. En même temps le rapprochement du volontaire et du soldat devait seul mettre fin à tout antagonisme entre les deux troupes. En conséquence, le 21 février 1793, la Convention rendit le décret suivant : « A dater de la publication du présent décret, il n'y aura plus aucune distinction ni différence de régime entre les corps d'infanterie appelés régiments de ligne et les volontaires nationaux. » Elle décrète en même temps une nouvelle levée de 300 000 hommes; dans le cas où l'inscription volontaire serait insuffisante, chaque commune complètera au plus vite le nombre d'hommes fixés pour sa population et aura recours au tirage au sort pour les désigner. En attendant, tous les citoyens de dix-huit à quarante ans, non mariés ou veufs sans enfants, sont mis en état de *réquisition*. Les uns formeront de nouveaux bataillons, d'autres compléteront les bataillons anciens de volontaires, d'autres enfin, sur leur demande, seront versés dans la ligne; ceux-ci s'engagent pour toute la durée de la guerre. Tous auront le même uniforme, la même solde, les mêmes droits et les mêmes devoirs. Il est décrété aussi que l'infanterie sera formée en régiments composés chacun « d'un bataillon des ci-devant régiments de ligne et de deux bataillons de volontaires ».

Malheureusement l'*amalgame* décrété par la Convention mit beaucoup de temps à s'exécuter : le recrutement se fit très lentement; les 300 000 hommes n'existèrent jamais que sur le papier; il n'en vint que la moitié, et dans ce nombre il fallut réformer une foule de vieillards ou d'enfants, d'infirmes, de borgnes, de nains ; on avait ramassé tout ce qu'on avait trouvé. L'armée perdait par la désertion ce qu'elle gagnait par les levées. « Il faut, disaient les généraux, introduire sur-le-champ dans l'armée des lois très sévères contre la désertion et l'indiscipline. » « Il serait très à propos de faire des exemples, écrit Carnot, mais il y a tant de coupables qu'on est très embarrassé. » Aucun bataillon n'était complet. Enfin les commissaires du pouvoir exécutif, fougueux Cordeliers ou Jacobins, continuaient de demander la suppression de la ligne, dont ils trouvaient l'esprit détestable ; partout ils prêchaient l'insubordination, l'insurrection et le partage des propriétés ; ils distribuaient aux soldats le *Père Duchêne* pour les exciter contre leurs chefs et leur inculquer « les vrais principes de la sans-culotterie ». Ils faisaient surtout la chasse aux officiers « ci-devant nobles », parce que « la noblesse, aux yeux des sans-culottes, est un brevet d'incivisme ». Custine, dont les troupes avaient lâché pied près de Landau en criant : « Sauve qui peut ! », fut accusé « d'ineptie, de perfidie atroce et de platitude » ; il était, disait-on, payé par les tyrans, il avait voulu jeter la France dans les fers, et sa tête était encore sur ses épaules ! Elle n'y resta pas longtemps : Custine, mandé à Paris, était condamné d'avance ; on l'envoya à l'échafaud. Les affaires n'en allèrent pas mieux : les frontières étaient menacées à l'est et franchies au sud ; seule la barrière des forteresses de Vauban arrêtait l'ennemi, heureusement trop méthodique.

Au lieu de hâter l'exécution de son décret sur l'*amalgame*, la Convention se flatta d'improviser des soldats et ordonna la *levée en masse* (août 1793). « Une guerre de tactique, disaient les proclamations, ne suffit pas pour repousser les barbares ; il faut que le peuple entier se lève en masse pour les écraser. Hâtez-vous, braves citoyens ; armez-vous de faux, d'espontons, de piques, de lances, de fusils, n'importe quelles armes : elles deviendront dans vos mains celles de la victoire... Qu'un tocsin général fasse pâlir d'effroi les tyrans, et qu'il annonce à leurs satellites leur dernière heure. » Douze armées devaient être formées, mais elles n'existèrent jamais que dans l'imagination échauffée de représentants déclamatoires. Dans ce premier moment l'ardeur fut indescriptible ; mais l'enthousiasme se refroidit, et les généraux ne virent pas venir la multitude qu'ils attendaient : l'armée du Rhin, que la levée en masse devait porter à 200 000 hommes, n'en compta que 31 000; il n'y vint que 9000 hommes, qui le lendemain se débandèrent. Les villes formèrent quelques bataillons, mais les campagnes répondirent peu à l'appel de la Convention, et la plupart des « volontaires agricoles » faisaient de médiocres soldats.

La *levée en masse* n'ayant rien produit, on essaya de la *réquisition*. Tous les Français étaient mis « en réquisition permanente », c'est-à-dire qu'ils pouvaient être appelés suivant les besoins. Le remplacement était interdit. Le 27 septembre un décret mit à la disposition du ministère de la guerre tous les citoyens de dix-huit à vingt-cinq ans, tous les célibataires ou veufs sans enfants. Cette levée des *requisitionnaires* donna des centaines de mille hommes; mais ces cohues n'avaient aucune éducation militaire, et manquaient d'instructeurs et d'officiers. Elles portaient dans les camps les désordres de la place publique, et passaient leur temps à boire et à danser la carmagnole. Envoyées au feu, elles lâchaient pied en criant : « Sauve qui peut ! »; il arriva souvent que, prises de panique, elles perdirent la tête et tirèrent sur les troupes françaises. « Puisque ces bataillons ne sont pas en état de servir convenablement, écrivait le général Schérer, il ne reste qu'à les incorporer dans les anciens. » « Nous sommes convaincus, reconnaissaient eux-mêmes Saint-Just et Lebas, qu'ils ne peuvent être employés utilement qu'au moyen de l'incorporation dans les corps actuels. » Plusieurs généraux exécutèrent d'urgence cette incorporation comme une mesure de salut public; sur quelques points les réquisitionnaires furent versés dans l'armée, et, reconnaissant eux-mêmes l'utilité d'une pareille réforme, ils s'y prêtèrent de bonne grâce au cri de « Vive la République ! » Mais cet amalgame spontané n'était pas légal, malgré la loi du mois d'août, et des tentatives isolées ne pouvaient pas sauver la France.

Ce fut seulement le 8 janvier 1794 que la Convention se

résolut enfin à ordonner l'exécution de ses décrets du 21 février 1793. Les généraux reçurent l'ordre de procéder à l'*amalgame*, et des représentants du peuple furent envoyés à chaque armée pour y présider solennellement : les soldats s'embrassèrent, les anciens offrirent aux recrues des branches de laurier, l'enthousiasme fut à son comble. L'amalgame se fit par l'*embrigadement* : deux bataillons de volontaires furent joints à un bataillon de ligne pour former une demi-brigade; 213 demi-brigades furent organisées avec les 213 bataillons de ligne et 426 bataillons de volontaires; il restait encore 299 bataillons de volontaires, et il n'y avait plus de troupes de ligne pour les embrigader; en conséquence on se décida à en réformer une partie, et on créa avec le reste une vingtaine de demi-brigades composées entièrement de volontaires.

Dès lors toute l'armée ressembla à l'ancienne armée de Dumouriez, et la France, qui semblait perdue, ressaisit partout la victoire. Attaquée par 400 000 coalisés, elle leur opposa 500 000 combattants en ligne, sans compter les troupes de l'intérieur et les dépôts. Les soldats ne manquaient pas : il restait à « organiser la victoire »; ce fut la tâche du grand Carnot. Réformateur énergique, il ne recula pas devant les mesures radicales qu'exigeait la situation : les officiers et les sous-officiers de la levée en masse, incapables ou indignes, rendirent leurs épaulettes et leurs galons; force leur fut de rentrer dans le rang. Les cadres de la nouvelle armée furent composés des officiers et des sous-officiers des troupes de ligne et de jeunes gens sortis des écoles spéciales, de l'école *Centrale préparatoire*, nommée bientôt *École polytechnique*, et d'écoles d'application créées pour les trois armes. L'état-major général fut complètement remanié; les généraux furent astreints à l'obéissance comme les soldats ; Jourdan, Kléber, Marceau, Hoche, Bonaparte furent les chefs que choisit Carnot; il savait trouver des capitaines de génie, jeunes et audacieux plébéiens qui s'improvisaient généraux comme autrefois le prince de Condé. La hiérarchie fut précisée par l'organisation définitive des *brigades* et des *divisions*. A tant d'hommes il fallait des armes ; la science se mit à l'œuvre, et

BATAILLE DES PYRAMIDES.

la France devint un immense atelier où l'on fabriquait les canons, les fusils, la poudre. Malgré la misère des temps, les subsistances furent assurées et les munitions abondèrent. Enfin les lois pénales furent appliquées avec la plus grande rigueur : les désordres passés firent place à la plus stricte discipline; les vertus civiques et les qualités militaires se développèrent dans tous les rangs; le soldat considéra comme la plus grande récompense ces simples mots de son général : « A bien mérité de la patrie. »

Carnot mena les opérations militaires de front avec la réorganisation de l'armée : les troupes, jusque-là disséminées, furent réunies en masses redoutables, qui écrasèrent partout l'ennemi au cri de « Vive la nation! » et au chant de la *Marseillaise*; la bataille de Fleurus donna la Belgique à la France. A la fin de mars 1795, cette armée avait remporté vingt-sept victoires, livré cent vingt combats, tué 80 000 ennemis, fait 91 000 prisonniers, pris 3800 bouches à feu. Elle avait par son élan irrésistible déjoué la tactique savante des généraux allemands; la République française imposait la paix à la Prusse, à la Hollande, à l'Espagne. Les revers de 1796 furent aussi glorieux que des succès : l'armée de Sambre-et-Meuse et celle du Rhin, après une longue retraite et des combats sans nombre, rentrèrent en France sans laisser derrière elles ni un traînard ni un canon. L'année suivante la revanche fut éclatante : dans l'incomparable campagne d'Italie, Bonaparte attire à lui l'armée piémontaise et quatre armées autrichiennes, et les détruit successivement à Montenotte, à Mondovi, à Dégo, à Castiglione, à Rivoli; il dicte ses volontés au Piémont et à l'Autriche.

L'indiscipline des volontaires avait rendu leur ardeur inutile; l'amalgame disciplinait l'enthousiasme et faisait de l'armée française la première du monde. L'enfantement de la victoire avait été douloureux, mais le succès final faisait oublier les misères et les hontes passées : la France et la Révotion triomphaient.

DIX-NEUVIÈME SIÈCLE

I. — LE PREMIER EMPIRE.

L'histoire de France est pendant quinze ans l'histoire de Napoléon : la nation s'est mise à la discrétion d'un homme qui lui donne la gloire, mais qui l'épuise : l'Empire, c'est la guerre. Napoléon tire de la France des armées immenses, il en fait un usage grandiose, il s'en sert comme de matériaux pour construire un grand édifice ; mais il veut l'élever trop haut, et l'édifice s'écroule tout entier.

Occupé à combattre l'Europe, il manque de temps pour transformer les institutions militaires ; il se borne à perfectionner celles que la monarchie et la Révolution lui ont léguées. La *conscription* est antérieure à l'Empire et au consulat : la loi du 23 septembre 1798, rendue sur le rapport de Jourdan, avait établi que tout Français contracte en naissant l'obligation de servir la patrie, et avait divisé les jeunes gens de vingt à vingt-cinq ans en cinq classes destinées à fournir les conscrits nécessaires, en commençant par les plus jeunes ; le gouvernement, d'accord avec les consuls, devait fixer les contingents annuels suivant les besoins. L'établissement de la conscription avait à la fois l'avantage de supprimer la levée en masse et de mettre à la disposition du pays un nombre indéfini de jeunes gens ; mais elle avait le défaut de manquer de précision et de fixité et de prendre d'un coup des générations entières. Elle eut de la peine à entrer dans les mœurs : impopulaire en France, elle souleva des troubles dans la Belgique annexée : le nombre des insoumis était inquiétant.

Bonaparte ne changea pas le principe de la loi, mais il la rendit seulement plus applicable et plus efficace : l'autorisation du *remplacement* fut accordée aux appelés « qui ne pourraient supporter les fatigues de la guerre ou qui seraient reconnus plus utiles à l'État en continuant leurs travaux qu'en faisant partie de l'armée ». Cette satisfaction donnée à la bourgeoisie, Bonaparte poursuivit énergiquement les réfractaires et mit toute la population en surveillance. A partir de 1804 le service fut réparti plus également entre les *classes :* le *tirage au sort* désigna ceux qui devaient partir les premiers.

Napoléon passe quinze années à organiser des armées immenses et à les dépenser tout entières : sa prodigieuse habileté à improviser des ressources n'a d'égale que l'effrayante prodigalité avec laquelle il les épuise. Premier consul, il commence par demander 100 000 conscrits pour l'armée : le corps législatif les lui accorde et les préfets hâtent le recrutement ; pendant que les coalisés se répandent en railleries sur notre armée de réserve, dont la faiblesse voulue leur donne le change, les armées de première ligne se renforcent de jour en jour, et au mois de mai 1800 la France oppose à l'Autriche et à l'Angleterre coalisées plus de 250 000 hommes divisés en trois armées. Bonaparte, à la tête de celle d'Italie, qu'il a groupée avec un art merveilleux, franchit le mont Saint-Bernard et, aidé de Desaix, détruit à Marengo l'armée autrichienne; en Allemagne, Moreau remporte à Hohenlinden une victoire décisive qui finit glorieusement le XVIIIe siècle (décembre 1800). L'Autriche, épuisée et découragée, signe le traité de Lunéville, qui établit la prépondérance de la France en Europe. Restait l'Angleterre : Bonaparte l'effraya par de nouveaux armements et lui arracha la paix d'Amiens (1802); la mer était pacifiée comme le continent. Victorieux et populaire, Bonaparte récompensa l'armée et se l'attacha étroitement par l'établissement de la *Légion d'honneur* (1802) : destinée à remplacer les stimulants usés de l'époque révolutionnaire, la nouvelle distinction honorifique était le triomphe de l'égalité même, non de celle qui égalise les hommes en les abaissant, mais de celle qui les égalise en les élevant; la même croix brillait sur la poitrine du simple soldat et sur celle de son général. Ce moment est le plus beau de la vie de Bonaparte et un des plus glorieux de l'histoire de France.

Mais une révolution s'est faite dans l'âme mobile du premier consul : son ambition rêve le renouvellement de l'Europe et le rétablissement de l'Empire. Il voit dans l'Angleterre inquiète et jalouse le principal obstacle à sa grandeur et à celle de la France : la vaincre et la détruire devient la passion de sa vie. La guerre à outrance, le duel terrible s'engage. « Nous sommes attaqués, dit-il dans un message : nous sommes obligés de conquérir pour conserver. » Cherchant une lutte corps à corps avec son ennemie, il prépare une descente en Angleterre et communique à tous son activité et sa confiance : son plan consiste à être maître de la mer pendant six heures et à transporter de l'autre côté du détroit 150 000 hommes, 15 000 chevaux et 400 canons. Bientôt l'armée est prête, frémissante de patriotisme, impatiente de partir; mais la marine ne peut lui ouvrir le passage, et l'Angleterre est sauvée.

La « grande armée d'Angleterre » se tourne alors contre le continent et quitte la côte de Boulogne pour les rives du Rhin. Devenu empereur, Napoléon a fortifié encore les forces militaires de la France : une habile combinaison des ordonnances de l'ancien régime et des institutions de la république porte l'armée impériale à la perfection. Adaptant au régime nouveau d'anciens usages monarchiques, **il a créé de** nombreux maréchaux, Masséna, Jourdan, Berthier, Brune, Augereau, Ney, Lannes, Bessières, Murat, Soult, Mortier, Moncey, Davoust, Bernadotte; la garde consulaire, formée des grenadiers du 18 brumaire, est devenue la garde impériale, corps d'élite de 7000 hommes aguerris et dévoués, prêts à suivre leur chef jusqu'au bout du monde[1]. L'armée est au temps de sa plus complète instruction et de sa plus grande solidité : les éléments de force et d'action y abondent ; les vieux soldats ont acquis l'expérience et l'esprit militaire sans perdre le feu sacré des premiers jours ; les jeunes sont remplis d'ardeur, et le conscrit timide qui a quitté son village en pleurant devient sous le drapeau un soldat courageux qui se bat comme un ancien. Des distributions de croix et de drapeaux, des revues, des parades et des fêtes achèvent de frapper les imaginations et d'échauffer l'enthousiasme. Davoust, Ney, Lannes, Masséna sont des lieutenants dignes de leur chef ; Murat est un général de cavalerie incomparable, et Berthier est resté le type achevé du chef d'état-major. Les peuples coalisés ne peuvent lutter contre la grande armée ; Napoléon la conduit de victoire en victoire et de capitale en capitale ; ses campagnes sont le modèle de la stratégie et de la tactique. « C'est avec nos jambes, diront les soldats, que l'empereur gagne des victoires. » Il sait rassembler ses troupes pour frapper, et les diviser pour vivre ; avec des armées inférieures en nombre il trouve moyen, le jour de la bataille, de réunir avec précision toutes ses forces, et de se ménager pour la fin de la journée une réserve puissante dont l'arrivée en ligne frappe de stupeur les armées ennemies et change leur défaite en déroute.

En 1805 il investit dans Ulm l'armée autrichienne et la force à capituler ; il entre à Vienne en vainqueur, et détruit

---

1. La garde impériale, augmentée d'année en année, finit par s'élever jusqu'à 50 000 hommes.

à Austerlitz les dernières troupes de François II et l'armée russe tout entière. « Soldats, s'écrie-t-il dans une de ces proclamations demeurées célèbres, je suis content de vous : vous avez couvert vos aigles d'une gloire immortelle. » Les canons pris à l'ennemi sont fondus et deviennent la colonne Vendôme. En 1806, 70 000 Prussiens sont battus à Auer-

LA COLONNE VENDOME.

staedt par les 26 000 hommes de Davoust, et l'autre partie de l'armée prussienne est anéantie à Iéna. L'année suivante, le jour anniversaire de Marengo, les Russes sont écrasés à Friedland comme ils l'ont été à Austerlitz. Le continent n'a plus d'armée à opposer à la France : le traité de Tilsit marque l'apogée de l'empire.

Mais, enivré d'orgueil et d'ambition, Napoléon se perd par ses fautes. La grande armée, déjà réduite par ses victoires [1],

---

1. A Eylau le corps d'Augereau fut tellement éprouvé, que Napoléon dut le dissoudre.

va s'engloutir dans le gouffre de la guerre d'Espagne, et quand l'Angleterre entraîne l'Autriche dans une nouvelle coalition, la France est réduite à improviser une armée entière. Napoléon, grâce à son génie, va triompher une dernière fois : il appelle tous les conscrits, il lève deux classes en avance et revient sur trois classes en arrière; des gens qui se sont fait remplacer trois fois sont forcés de marcher eux-mêmes. Les cadres sont complétés avec 300 jeunes gens de l'école militaire de Saint-Cyr, les jeunes héritiers des grandes familles soupçonnées de royalisme, et des élèves pris dans les lycées. L'effrayante consommation d'hommes est déguisée par la création de quatrièmes et de cinquièmes bataillons, alors que les trois premiers sont ravagés ou détruits. Cette armée façonnée à la hâte est victorieuse à Eckmühl et à Wagram, mais au prix des plus cruels sacrifices : les soldats ne sont pas assez *cousus* ensemble pour exécuter d'audacieuses opérations, les boulets ennemis creusent de longs sillons dans les colonnes serrées, et les généraux doivent payer beaucoup de leur personne pour enlever les conscrits troublés.

L'Autriche vaincue, il est temps encore pour Napoléon de s'arrêter ; mais il ne tient pas compte des avertissements de la fortune : il veut aller à Moscou. Il force l'Italie, la Hollande, l'Allemagne, la Prusse et l'Autriche à lui fournir des corps entiers, qui le suivent en le maudissant; il les mêle aux vainqueurs de Wagram et aux recrues nouvelles qu'il a tirées de la France épuisée ; il rassemble ainsi une armée immense composée de 600 000 hommes, où l'on parle toutes les langues et qui n'a d'autre lien que le génie de son chef. Il refoule les Russes devant lui, les bat à la Moskova et entre à Moscou ; mais au retour il est vaincu par le froid, et de même que la *grande armée* est allée s'épuiser en Espagne, l'armée de Wagram s'ensevelit tout entière dans les neiges de la Russie.

La coalition devient générale, et l'Europe tout entière se

lève. L'empereur, à qui il ne reste que les conscrits de 1813, demande à la France une troisième armée; le Sénat lui accorde 100 000 hommes pris sur les classes de 1809 à 1812, et 240 000 hommes de la classe de 1814; 180 000 gardes nationaux sont transformés en soldats; les familles nobles lui fourniront 10 000 gardes d'honneur armés à leurs frais. La

DÉFENSE DE LA BARRIÈRE DE CLICHY (29 MAI 1814).

nation se résigne à ces sacrifices, le conscrit ne marchande pas son sang, et l'empereur est acclamé avec enthousiasme par le peuple, qui voit en lui le symbole de la grandeur de la France. Les victoires de Lutzen, de Bautzen et de Dresde relèvent un instant la fortune de Napoléon; mais il succombe à Leipsick et doit reculer jusqu'au Rhin pour défendre le sol de la France. Dans un si grand péril, il appelle la classe de 1815 et remonte jusqu'à celle de 1803; sur le papier ces levées s'élèvent à 500 000 hommes; en réalité elles atteignent

WATERLOO.

15 000 hommes à peine; c'est tout ce que la France peut donner. Il ne lui reste que 80 000 combattants à opposer à l'Europe; ses forteresses ne sont pas en état de défense, et les armes manquent à la garde nationale. Napoléon, dans une campagne prodigieuse, ralentit pendant trois mois la marche des coalisés; mais Paris, laissé sans défense, ne peut résister à 150 000 hommes et succombe avec honneur. La France vaincue pose les armes, et l'empereur déchu, après avoir pris congé de sa garde à Fontainebleau, se retire à l'île d'Elbe.

Il en revient l'année suivante, servi par les fautes de Louis XVIII, rallie à sa cause l'armée envoyée contre lui et redevient le maître de la France. En trois mois une armée se forme : 300 000 soldats sont réunis. L'armée rassemblée sur la frontière du nord compte 124 000 hommes aguerris divisés en cinq corps, sous d'Erlon, Reille, Vandamme, Gérard et Lobau, sans compter la garde, commandée par Mortier. Napoléon, pressé de prendre l'offensive, ne se donne pas le temps d'organiser des réserves, et, jouant sa fortune, il marche au-devant des Prussiens et des Anglais. Les soldats ont pleine confiance dans l'empereur, mais ils se défient de plusieurs généraux qu'ils savent ennemis de l'Empire ou décidés d'avance à la défaite : la défection de Bourmont prouve que leurs craintes sont fondées. Pleins de courage et d'ardeur, mais agités et fiévreux, ils ne manœuvrent plus avec la précision d'autrefois. Cette armée prouve à Ligny qu'elle est encore capable de vaincre l'armée prussienne, mais elle ne peut triompher à Waterloo des forces réunies de Wellington et de Blücher; la cavalerie exécute des charges héroïques, l'infanterie se laisse mitrailler, et Ney a quatre chevaux tués sous lui; mais les carrés anglais sont inexpugnables, et les Prussiens reçoivent sans cesse des renforts; nos soldats, qui ont compté sur Grouchy, crient à la trahison et finissent par lâcher pied; la garde, formée en carré, oppose une dernière résistance au vainqueur, refuse de se rendre et meurt. « Napoléon, a dit Thiers, s'était placé dans une situation où, pour ne pas périr, il fallait que toutes les circonstances fussent favorables, toutes sans exception. » Avec 120 000 hommes qui n'avaient rien derrière eux, il avait entrepris d'en écraser 220 000 qui n'étaient que l'avant-garde de l'Europe entière. La cause de Napoléon était perdue, et la France partageait sa destinée.

II. — LA RESTAURATION

Napoléon tombé, Louis XVIII remonta sur le trône; les alliés entrèrent à Paris, et l'armée se retira au delà de la Loire, la rage au cœur. Son général, Davoust, l'assura dans une proclamation qu'elle serait maintenue conformément à son honneur; mais Louis XVIII se refusa à traiter avec lui, et il exigea des « brigands de la Loire » une entière soumission : les soldats durent arborer le drapeau blanc, qu'ils ne connaissaient pas, et cacher cette cocarde tricolore qui leur rappelait tant de gloire. Pourtant les étrangers redoutaient encore les débris de l'armée française; forcé de leur obéir, le roi se décida à la dissoudre : disséminée et découragée, elle se laissa licencier sans résistance; les vétérans des guerres de l'Empire regagnèrent tristement leurs foyers, et la France désarmée fut à la merci des alliés.

Pendant trois ans la France, occupée par l'étranger, fut privée de forces militaires : la conscription abolie, les enrôlements avaient à peine suffi à former les régiments privilégiés de la garde royale et les régiments suisses. Les officiers de l'Empire, mis en demi-solde, étaient remplacés par des émigrés qui avaient porté les armes contre la France, royalistes ardents, excités à la vengeance par le souvenir des catastrophes révolutionnaires et de vingt années de défaites

Un grand nombre de généraux furent condamnés à mort; le maréchal Ney, survivant de vingt batailles, tomba sous des balles françaises.

Les difficultés de la situation ne découragèrent pas le ministre de la guerre, Gouvion Saint-Cyr, royaliste libéral et modéré, ancien volontaire de 92 et général sous l'Empire. Il entreprit de rendre une armée à la France et présenta un vaste projet de réorganisation militaire; après une discussion vive et passionnée, la loi fut votée le 10 mars 1818. Le recrutement régulier était assuré par une combinaison de l'enrôlement volontaire et de la conscription. La Restauration avait inscrit dans la charte : « La conscription est abolie, l'armée se recrute par des engagements volontaires. » En fait la conscription prévalut, déguisée sous le nom d'*appels* : les jeunes gens de vingt ans étaient astreints à un tirage; après l'examen de revision, les premiers numéros formaient le contingent annuel et devaient six années de service, sans qu'on pût les retenir plus longtemps ni jamais les reprendre; les autres étaient libérés définitivement et affranchis de toute inquiétude. Le service personnel ne fut pas exigé : l'homme *tombé au sort* eut la faculté de se procurer un remplaçant à ses frais, et l'industrie des *marchands d'hommes* prospéra. Les levées annuelles ne devaient pas dépasser 40 000 hommes, et l'effectif de paix était fixé à 240 000. — A cette armée peu nombreuse il fallait une réserve : la guerre était encore à craindre. Gouvion Saint-Cyr, bravant les passions de la Chambre, prit la défense des soldats de l'Empire : « Il s'agit, dit-il, de savoir s'il existe parmi nous deux armées, deux nations, dont l'une sera frappée d'anathème et regardée comme incapable de servir le roi et la France. » Ces paroles patriotiques eurent dans le pays un immense retentissement, et le ministre, soutenu par l'opinion, arracha à la Chambre la formation de *légions* composées théoriquement de 240 000 vétérans libérés; les légions ne devaient être appelées qu'en temps de guerre. Enfin, malgré les résistances, l'avancement fut réglé conformément à l'esprit de 89. Les fanatiques du passé réclamaient le rétablissement des privilèges pour ceux qui avaient combattu « sous le drapeau sans tache » ; ils refusaient aux roturiers le droit de porter l'épaulette et ne voulaient pas d'une armée « parlementaire ». Gouvion Saint-Cyr, pour les apaiser, se résigna à l'accroissement de la garde royale, et par cette concession faite à l'ancien régime il sauva une des conquêtes de la Révolution. Nul désormais ne put être officier s'il n'avait passé dans les rangs un temps suffisant ou s'il ne sortait des écoles militaires, ouvertes au concours et non à la naissance ; le tiers des places de sous-lieutenant était réservé aux sous-officiers ; jusqu'au grade de chef de bataillon l'avancement avait lieu un tiers au choix, deux tiers à l'ancienneté, et l'on ne pouvait en temps de paix passer d'un grade à un autre qu'après quatre ans de service. Ces règlements équitables, qui étaient comme la *charte* de l'armée, avaient l'avantage de récompenser les longs services et de faciliter à la fois l'essor du mérite ; ils limitaient le favoritisme et détruisaient le privilège : suivant le mot attribué au roi, « tout soldat avait le bâton de maréchal dans sa giberne [1] ». Gouvion Saint-Cyr avait relevé l'état militaire de la France ; sa loi est restée la base de notre système militaire pendant plus d'un demi-siècle.

La guerre d'Espagne, si impolitique, eut du moins le résultat d'exercer l'armée et de lui donner la cohésion dont elle manquait ; la prise du Trocadéro fut un brillant fait d'armes où les royalistes rivalisèrent de bravoure avec les anciens serviteurs de Napoléon. La France reprit quelque influence en Europe.

---

1. Parmi les autres institutions de Gouvion Saint-Cyr on peut signaler la création de l'école d'état-major, l'organisation de l'intendance substituée aux commissaires des guerres, et la nouvelle distribution de l'artillerie.

III. — LA MONARCHIE DE JUILLET

Pendant que l'armée de la Restauration plante à Alger le drapeau blanc, Charles X, malgré sa garde, perd son trône par sa maladresse et son entêtement, et de cette révolution naît la monarchie bourgeoise de Louis-Philippe, qui reprend le drapeau tricolore (1830).

Le nouveau roi était pacifique ; mais l'attitude défiante de l'Europe et le sentiment belliqueux de la nation commandaient au gouvernement de se tenir prêt à la guerre. La loi de 1832 perfectionna le système de Gouvion Saint-Cyr. La durée du service fut fixée à sept ans ; le nombre des régiments fut augmenté et les chasseurs à pied créés ; le contingent annuel fut fixé à 80 000 hommes, mais put être diminué ou élevé par les Chambres suivant les besoins ; l'État avait la faculté d'accorder de nombreux congés pour soulager les populations et ménager le trésor, mais tout le contingent devait passer sous les drapeaux. Cette législation donnait sur le papier une armée de 500 000 hommes, composée d'une partie bien instruite et d'une réserve imparfaite, mais toujours prête. Les dernières ressources se composaient de la *garde nationale*, milice nombreuse, mais sans éducation militaire ; les célibataires devaient marcher d'abord, puis venaient les veufs sans enfants, les mariés sans enfants, les veufs avec enfants, les mariés avec enfants ; la garde nationale pouvait être *mobilisée* en partie pour former la *garde mobile*, assimilée aux troupes de ligne ; le roi choisissait les officiers supérieurs et les capitaines ; les officiers subalternes et les sous-officiers étaient élus. L'organisation de la garde nationale n'augmentait pas beaucoup la force militaire de la France ; elle contentait du moins l'opinion et habituait les esprits à l'idée du service obligatoire. Rien ne fut négligé pour mettre le pays en état de défense; l'armement fut perfectionné: le fusil à piston remplaça le fusil à pierre; le matériel d'artillerie fut amélioré; plus tard Paris s'entoura de fortifications. Tous ces préparatifs eurent pour effet d'empêcher un conflit européen; l'armée de la monarchie de Juillet ne soutint pas de grandes guerres, mais elle intimida l'Europe. En 1832. elle avait assuré fièrement l'indépendance de la Belgique; en Afrique elle achevait la conquête de l'Algérie et en faisait une nouvelle France.

IV. — LE SECOND EMPIRE

Le gouvernement de Louis-Philippe tomba comme celui de Charles X : la garde nationale soutint l'insurrection et paralysa l'armée. La période républicaine n'enfanta que des projets. Le second empire hérita de l'armée de 1832. Occupé surtout de s'affermir, Napoléon III commença par supprimer les corps détachés de la garde nationale et la réduisit à une garde sédentaire, soigneusement triée et bonne pour la parade. Puis il s'entoura d'une garde impériale, sorte d'armée dans l'armée, forte de sept régiments de grenadiers ou de voltigeurs, d'un de zouaves, d'un de gendarmerie, de six de cavalerie et d'une artillerie proportionnée, en tout 54 000 hommes sur le pied de guerre. Enfin l'empereur voulut s'attacher étroitement l'armée entière en en modifiant la composition; sous prétexte de remédier aux abus du *remplacement*, il y substitua l'*exonération* (1855); l'homme tombé au sort n'avait plus à chercher un remplaçant; pour s'exonérer, il lui suffisait de payer à l'État une certaine somme; le gouvernement prenait la place des compagnies d'assurance; l'argent versé par les exonérés constituait la *caisse de dotation de l'armée,* qui devait servir à solder un nombre égal de mercenaires et à leur assurer une retraite; ces remplaçants étaient pris parmi les *rengages*, militaires vieillis sous le harnais et rompus au métier qui faisaient du service leur carrière. Ce système avait l'avantage de mettre fin à l'ignoble commerce des marchands d'hommes, à « la traite des blancs »; mais il avait le défaut grave de transformer officiellement le service en impôt. Sans doute l'armée, composée en partie de vieux soldats et riche en sous-officiers, était exercée et aguerrie; mais la plupart des rengagés, hommes de peu d'élévation morale, servaient par routine autant que par dévouement, et poussaient l'esprit militaire jusqu'au *militarisme;* l'armée se séparait de la nation. Un danger plus grave, c'est qu'elle n'avait pas le nombre. A mesure que l'exonération se multipliait, les coffres de l'État étaient plus remplis, mais les effectifs diminuaient : les rengagés ne suffisaient pas à remplacer les exonérés (il s'en fallut, une année, de 30 000 hommes), et le gouvernement oubliait l'objet spécial de la *caisse de dotation* pour y puiser à pleines mains.

L'armée du second empire, ainsi constituée, prouva en Crimée et en Italie qu'elle était supérieure à l'armée russe et à l'armée autrichienne; elle se couvrit de gloire à Inkermann, à Malakoff, à Magenta, à Solférino ; elle battit aussi les Mexicains, les Chinois, les Kabyles et les Arabes : l'empereur la crut invincible.

La bataille de Sadowa lui ouvrit à demi les yeux : l'armée prussienne avait vaincu l'armée autrichienne, qui passait pour la meilleure de l'Europe après celle de la France. La guerre avec la Prusse était en perspective; la réorganisation et l'accroissement de nos forces furent résolus, et le maréchal Niel présenta une nouvelle loi militaire (1868). L'exonération fit place de nouveau au système de 1832, et les remplaçants furent demandés à l'industrie privée des marchands d'hommes. La durée du service fut portée à neuf années, dont cinq dans l'armée active et quatre dans la réserve; le contingent annuel devait être de 100 000 hommes. Une armée auxiliaire dite *garde mobile*, destinée à la défense des frontières, devait se composer de jeunes gens non compris dans le contingent. Par ce système on comptait avoir une armée active de 400 000 hommes, avec une réserve égale et une garde mobile de 450 000 hommes. Mais les vices du remplacement, difficiles à éviter, et les nombreux congés accordés par économie rendaient l'effectif dérisoire, et la disproportion était effrayante entre l'état légal et l'état réel. On ne fit rien pour organiser la garde mobile, dont l'empereur redoutait l'esprit; la collation des grades d'officier fut arbitraire et précipitée, et les hommes de troupes ne furent pas exercés une seule fois. Enfin l'organisation scientifique de l'armée fut délaissée. L'artillerie rayée avait contribué à la victoire de Solférino; les mitrailleuses, entourées de mystère, devaient produire des effets irrésistibles, et les chassepots avaient « fait merveille » à Mentana; l'empereur, aveuglé et vieilli, crut avoir atteint le dernier terme du progrès, et déclara la guerre à la Prusse[1].

V. — GUERRE DE 1870

Le 19 juillet 1870 le gouvernement français lance la déclaration de guerre. « Nous sommes prêts, cinq fois prêts, » avait dit le ministre de la guerre. « Nous sommes prêts à faire la guerre pendant deux ans sans avoir à acheter seule-

---

1. L'armée française se composait en 1870 : 1° de la maison de l'empereur, formée des cent-gardes; — 2° de la garde impériale (grenadiers, voltigeurs, zouaves, carabiniers, cuirassiers, lanciers, dragons, guides, gendarmes d'élite, artillerie, génie, etc.); — 3° de la gendarmerie, divisée en 26 légions, sans compter la garde de Paris; — 4° des troupes de ligne : infanterie : cent régiments de ligne, vingt bataillons de chasseurs, trois régiments de zouaves, trois régiments de tirailleurs algériens, trois bataillons d'infanterie légère d'Afrique, un régiment étranger; cavalerie : dix régiments de cuirassiers, douze de dragons, huit de lanciers, douze de chasseurs, huit de hussards, trois de chasseurs d'Afrique, trois de spahis; artillerie : cinq régiments à pied, dix montés, quatre à cheval; génie : trois régiments; etc.

ment un bouton de guêtre. » Si le ministre fut trompé lui-même, la France fut trompée par le ministre : elle prit pour la réalité ce qui n'existait que sur le papier : elle s'imagina que son armée comptait 500 000 hommes, que son armement était le premier du monde, que ses places regorgeaient de munitions et de vivres, que tout était ordonné avec précision.

On vit dès les premiers jours ce que valait réellement notre organisation militaire : nous n'avions que 250 000 hommes immédiatement disponibles; en quinze jours ils pouvaient être portés à 300 000. Ni la mobilisation ni la concentration n'avaient été étudiées à l'avance : des hommes étaient envoyés en Algérie pour s'équiper; on voyait des intendants à la recherche de leurs approvisionnements, des généraux en quête de leurs troupes; l'état-major manquait de cartes et ne savait rien de l'ennemi; enfin Napoléon III s'était réservé le commandement en chef; les différents corps restaient isolés les uns des autres, hors d'état de se porter secours.

Les défaites suivirent les défaites : Wissembourg, Frœschwiller, Forbach; partout nos soldats se battaient avec bravoure, partout les officiers se faisaient tuer au premier rang; mais nos faibles bataillons succombaient sous le nombre : nous étions un contre quatre.

L'opinion publique demanda avec énergie le remplacement du commandant en chef et désigna le maréchal Bazaine; le Corps législatif vota l'extension de la garde mobile, la réorganisation et l'armement de la garde nationale; le ministère s'occupa de l'approvisionnement de Paris.

L'ennemi s'avançait à grands pas : la route était libre devant lui. Qui pouvait l'arrêter? L'armée du Rhin, autour de Metz, livra de beaux combats où elle fit preuve du plus grand courage; mais Bazaine, son chef, ne profita pas de ces succès et se laissa investir. Restait l'armée de Châlons, grossie des débris de Frœschwiller et des nouveaux renforts, armée sans cohésion qu'il était dangereux d'aventurer. Son chef apparent, le maréchal de Mac-Mahon, voulait se replier sur Paris; mais il avait trois supérieurs : le ministre de la guerre, Bazaine et l'empereur; il exécuta leurs ordres : l'armée abandonna sa marche vers l'ouest et alla occuper la position que l'empereur avait choisie pour elle, Sedan. L'armée prussienne guettait sa proie : le 1er septembre, 240 000 Allemands enveloppent les 110 000 Français; ils les pressent de tous côtés, les refoulent au fond de la vallée, les foudroient de leur artillerie et leur coupent la retraite. Napoléon III envoie son épée au roi de Prusse. L'armée française était **prisonnière de guerre**.

L'empire ne survécut pas à Sedan : il tomba, écrasé par ses défaites. Il n'y avait plus de gouvernement constitué : à Paris, le 4 septembre, le Corps législatif est envahi par le peuple, et Gambetta, cédant à la pression de la foule, proclame la déchéance de la dynastie; puis il se rend à l'Hôtel de Ville, et là, avec les députés de Paris, il forme un nouveau gouvernement sorti de la nécessité, gouvernement de passage et de transition qui prend en main la défense nationale. « Il ne nous convient, s'écria M. Thiers, ni de reconnaître ni de combattre ceux qui vont ici lutter contre l'ennemi... Ces hommes doivent avoir le concours de tous les citoyens...; nous faisons des vœux pour eux, et nous ne pouvons actuellement les entraver par une lutte intestine. Dieu veuille les assister! Ne nous jugeons pas les uns les autres : le présent est rempli de trop amères douleurs. »

La période impériale de la guerre était terminée : elle avait duré un mois. Des deux armées françaises l'une avait succombé à Sedan et s'acheminait avec tristesse vers la captivité, l'autre était enfermée à Metz et son chef s'apprêtait à la livrer : la France n'avait plus de troupes à opposer à l'invasion. Alors commence une période nouvelle, période d'efforts immenses, qui n'empêcheront pas la défaite, mais qui du moins sauveront l'honneur : seule, sans alliés, sans chef, sans armée, la France va tenir tête pendant cinq mois au formidable ennemi que les armées régulières de l'Empire, armées héroïques, n'ont pu arrêter cinq semaines.

C'est dans Paris que se concentrent les espérances de la patrie : Paris a des forts et des remparts; Paris est grand et riche; Paris renferme une population vaillante : lui seul pourra arrêter l'ennemi. Le gouvernement, d'accord avec l'opinion, y appelle tout ce qui reste de troupes régulières, les 40 000 soldats que Vinoy a gardés à la France et que viennent rejoindre quelques échappés de Sedan; la flotte, dont le rôle est fini, a envoyé quelques milliers de marins, petit corps d'élite qui prendra des villages la hache au poing, comme à l'abordage. Autour de ce noyau d'excellentes troupes s'organisent la garde mobile de la Seine, qui vient de recevoir ses armes, et 100 000 gardes mobiles des départements, foule en blouse, qu'il s'agit d'habiller, d'équiper, d'armer, d'instruire, de discipliner. Enfin, en dehors de ces éléments divers se forme la garde nationale, où se fondent toutes les classes, toutes les conditions et tous les âges, où se coudoient l'ouvrier et le patron, le pauvre et le riche, l'ignorant et le savant, l'ancien proscrit et l'ancien ministre; mêlée comme le peuple qui la compose, sans doute elle contient de la lie et de l'écume, mais qui n'altère pas la partie saine et généreuse. On ne pouvait demander à la garde nationale ce qu'on exige de l'armée active : Paris ne lui confia d'abord que le maintien de l'ordre et la surveillance des remparts ; elle s'acquitta de sa tâche avec régularité; plus tard elle fournit des bataillons de guerre dont le courage étonna les sceptiques.

A tous ces hommes il fallait des armes : Paris créa de toutes pièces des manufactures d'armes, des fonderies de canons, des fabriques d'équipements militaires. La population était résolue à résister à outrance : elle s'imaginait que les Allemands tenteraient l'assaut, comme on faisait au temps passé, et qu'après avoir pris les forts ils attaqueraient les remparts. C'est là qu'elle les attendait : on leur opposerait barrière sur barrière, on leur résisterait de rue en rue, de maison en maison ; ils entreraient dans Paris, mais ils n'en sortiraient pas.

Les Allemands, comme on sait, n'eurent garde de tenter une attaque de vive force : ils se contentèrent d'occuper en grand nombre toutes les routes, toutes les issues, de fortifier solidement toutes les collines, tous les coteaux, et de bombarder les forts et la ville à grande distance : retranchés derrière leurs travaux de circonvallation, ils attendirent que la famine accomplît son œuvre. Nos forts et notre enceinte, armés à la hâte, n'eurent à repousser aucun assaut; nos ponts-levis et nos chevaux de frise ne servirent pas une fois, et les gardiens de nos remparts n'eurent pas un seul coup à tirer. Au lieu de repousser des attaques, l'armée parisienne dut marcher à l'assaut et d'assiégée se faire assiégeante. Bonne pour la défensive, elle était insuffisante pour l'offensive : les troupes de nouvelle formation manquaient d'expérience et de solidité; leur armement était imparfait. Les régiments réguliers s'usaient à force de servir; les marins n'étaient qu'une poignée d'hommes. Paris bloqué ne communiquait avec la province que par les ballons et les pigeons voyageurs : comment combiner des actions communes? L'état-major désespéra du succès : il se contenta de reconnaissances offensives, dont plusieurs furent considérées moins comme des tentatives sérieuses que comme des concessions à l'opinion publique; toutes échouèrent : Rucil, Bagneux, Champigny, le Bourget, Buzenval furent des luttes glorieuses, mais sans résultat. Paris ne pouvait se sauver tout seul.

La province pouvait-elle sauver Paris? Le gouvernement l'appela au secours de la capitale : « Vous qui nous avez déjà donné vos fils, vous qui nous avez envoyé cette vaillante garde mobile dont chaque jour signale l'ardeur et les exploits, levez-vous en masse et venez à nous : isolés, nous saurions sauver l'honneur : avec vous et par vous, nous jurons de sauver la France ». La province écouta l'appel de Paris : elle se leva; mais que pouvait-elle?

Quand elle se trouva abandonnée à elle-même, elle ne possédait pas un seul régiment d'infanterie ni de cavalerie, et l'artillerie ne comptait que six pièces en état de servir. Les cadres étaient tellement épuisés, qu'on ne savait comment pourvoir aux besoins du commandement. Les armes et les munitions avaient été accumulées à Metz et à Strasbourg : la pénurie était telle, qu'on n'avait pas un grain de fulminate pour les cartouches et qu'un seul homme connaissait la fabrication des capsules. L'administration centrale ne possédait pas une seule carte d'état-major. Un sous-intendant supportait seul le poids de tous les services administratifs. Le ministre de la guerre Fourichon forme à la hâte sur la Loire, avec des troupes tirées d'Afrique et les hommes des dépôts, une première armée de 25 000 hommes sous le général de Lamotte-Rouge; un autre corps est organisé dans les Vosges, et dans l'ouest on s'occupe de réunir les mobiles. Mais ces premiers rudiments de l'armée de la Loire sont battus à Artenay et à Orléans; l'armée de l'est recule jusqu'à Besançon; les mobiles ne sont ni armés ni équipés : sans chefs, sans cavalerie, sans canons, ils sont hors d'état d'entrer en campagne. L'insuccès de ces premiers efforts décourage l'amiral, qui se retire : que faire avec 80 000 hommes contre 300 000?

Gambetta, parti de Paris en ballon, arrive à Tours le 9 octobre et se met à la tête de la défense; il s'adresse aux populations. « La situation, leur dit-il, vous inspire de grands devoirs; le premier de tous, c'est de ne vous laisser divertir par aucune préoccupation qui ne soit pas la guerre, le combat à outrance... L'heure n'est pas aux manifestations : travaillons et combattons... Il faut secouer la torpeur de nos campagnes, multiplier la guerre de partisans et inaugurer la guerre nationale. La République fait appel au concours de tous ; son gouvernement se fera un devoir d'utiliser tous les courages, d'employer toutes les capacités... Levons-nous donc en masse, et mourons plutôt que de subir la honte du démembrement. » Alors on se met à l'œuvre avec une ardeur sans pareille : une administration militaire est créée de toutes pièces ; les concours s'offrent à l'envi : officiers en retraite, ingénieurs, fonctionnaires, employés composent le personnel du ministère ; des commissions et des comités se partagent la tâche ; la carte de l'état-major est rectifiée à la hâte et rééditée au moyen de la photographie et de l'autographie ; des commissaires spéciaux assurent le service des informations ; un comité est établi pour faire éclore des découvertes utiles à la défense ; une intendance nouvelle assure les transports, les subsistances, l'habillement, le campement, la solde, les ambulances ; des magasins mobiles composés de wagons pourvoient à l'alimentation des troupes en marche ; on multiplie les ateliers de l'État, et, comme le temps presse, on recourt aussi à l'industrie et au commerce : ni les bras ni le zèle ne manquent. Une commission spéciale de comptabilité est instituée pour contrôler et liquider provisoirement tous les marchés. Une des plus grandes difficultés était le manque d'armes et de munitions : les fabriques de l'État, qui ne produisaient que 15 000 fusils par mois, réussissent à doubler leur production ; mais elles sont loin de suffire. Il faut pourtant des armes : des marchés sont conclus pour accaparer tous les fusils disponibles dans le monde entier ; grâce à ces efforts, la province réunit en cinq mois 1 200 000 armes à feu, chassepots, remingtons, sniders, fusils à tabatière, fusils à piston. La confection des cartouches présentait les plus graves difficultés : l'administration avait été réduite un moment à supplier Paris de lui envoyer des capsules par ballon ;

elle ne trouvait de fulminate que dans les jouets d'enfants : elle réussit, après bien des angoisses, à se procurer l'outillage et la matière nécessaires ; l'armée ne fut plus exposée à manquer de cartouches. Les fonderies de l'État déployaient une activité infatigable, mais elles ne pouvaient faire face aux exigences du moment : on demanda à l'industrie privée de seconder les travaux de l'artillerie, et l'on utilisa le patriotisme des populations en exigeant de chaque département un certain nombre de canons : en moins de quatre mois 1400 pièces furent fabriquées, mises sur roues et livrées : on armait ainsi deux batteries par jour.

La création des forces militaires marchait de front avec l'armement et l'organisation administrative. On envoya devant l'ennemi deux régiments en moyenne chaque jour, 600 000 hommes en quatre mois ; l'infanterie de ligne, composée des hommes des dépôts, des prisonniers échappés d'Allemagne et des engagés volontaires, alla jusqu'à 230 000 hommes ; la garde mobile à 111 000 ; les francs tireurs, petits corps francs, les uns bons, les autres mauvais, s'élevèrent à 30 000 hommes ; la cavalerie compta 30 000 chevaux, l'artillerie et le génie 20 000 hommes. En outre la garde nationale dut fournir des bataillons de guerre recrutés parmi les célibataires de vingt à quarante ans. Enfin des étrangers étaient venus spontanément se mettre au service de la France : une légion montévidéenne de 1500 hommes, autant de Grecs, des Italiens, des Roumains combattirent à côté de nos soldats. Ces forces, jointes aux 80 000 hommes qui restaient, composèrent douze corps d'armée réguliers, le corps indépendant de Garibaldi et plusieurs groupes importants au Havre, à Nevers, à Carentan.

Mais il ne suffit pas de réunir des hommes : des troupes sans cadres sont des troupeaux. Les armées impériales, cadres sans troupes, étaient détruites ; on n'avait pour les armées nouvelles ni officiers ni sous-officiers. Au défaut de remèdes, on recourut à des expédients : la force des compagnies fut doublée, pour réduire de moitié le nombre des capitaines nécessaires; les lois ordinaires de l'avancement furent suspendues : aucun délai ne fut obligatoire entre les grades, et l'on put en franchir plusieurs d'un coup; des milliers de soldats devinrent sous-officiers, lieutenants, capitaines; des centaines d'officiers subalternes passèrent officiers supérieurs; des colonels, des lieutenants-colonels passèrent généraux de brigade, généraux de division, chefs de corps. Enfin un décret autorisa la collation des grades dans l'armée auxiliaire, pour la durée de la guerre, à toute personne paraissant en état de les exercer : anciens officiers, marins, fonctionnaires, fils de famille, militaires étrangers : on dut à ce décret des hommes qui rendirent de grands services.

Une jeune armée a besoin d'une discipline de fer : le général d'Aurelle de Paladines, homme d'une grande énergie, disait à ses soldats : « Ce que je vous demande, c'est avant tout de la discipline et de la fermeté. Je suis parfaitement décidé à faire fusiller tout soldat qui hésitera devant l'ennemi; quant à moi, si je recule, fusillez-moi. » Ces menaces ne furent pas vaines : des déserteurs furent traduits devant une cour martiale, condamnés et exécutés; ces exemples assurèrent la discipline.

Ni le travail ni l'énergie n'ont manqué; mais la France était la plus faible : l'infériorité du nombre n'était pas compensée par la qualité des troupes et des cadres; la plupart de nos soldats touchaient un fusil pour la première fois; beaucoup d'hommes, accablés par leur charge, jetaient leur fourniment et leurs provisions pour ne pas les porter : hâves, exténués, ils ne se traînaient qu'avec peine et demeuraient en arrière sur les routes. L'état-major n'atteignit pas le huitième du chiffre normal; il ne suffisait pas à calculer les parcours et les transports, à prévenir l'encombrement, à combiner les actions d'ensemble. Les officiers n'avaient pas tous l'expérience, l'instruction, les qualités militaires d'où naît l'autorité; impuissants à maintenir une discipline rigoureuse, ils manquaient de l'ascendant nécessaire pour empêcher le laisser-aller et le découragement; beaucoup, gagnés par la contagion, se rebutèrent, et le relâchement devint universel : les compagnies fondaient à vue d'œil; l'armée tombait en dissolution. Le service de l'intendance ne pouvait suffire à la tâche : les capotes, les couvertures, les vivres étaient mal distribués, et les troupes souffraient de la faim et du froid; les *mobilisés*, équipés par le ministre de l'intérieur ou par les autorités départementales et municipales, reçurent souvent des fournitures de la dernière qualité, drap que détrempait la pluie, souliers trop grands ou trop courts, semelles de carton. L'armement même était défectueux : il se composait de canons et de fusils de tous les types; le ravitaillement était difficile, et les bataillons pourvus d'armes de vieux modèle manquaient d'assurance et cédaient aux paniques.

La France, dans cette crise, n'a pourtant pas été indigne d'elle-même : ses fils ont su mourir, sinon combattre et vaincre. Sa faiblesse n'a eu pour cause principale ni la défaillance, ni la trahison; elle n'a pas été davantage le résultat de circonstances fortuites, comme la perte d'un ballon, la crue d'une rivière, le froid rigoureux : elle a été la conséquence fatale du manque d'organisation. Il est une limite aux forces humaines, et un homme ne devient pas un soldat en un jour; l'instruction, la discipline, l'esprit militaire ne sont que le prix de la longue pratique, de la longue obéissance, du long dévouement. Il en est au XIX° siècle comme au temps de nos pères : des bandes peuvent repousser des bandes, des recrues battre des recrues; mais il faut des soldats pour résister à des soldats : les bataillons allemands conduits par M. de Moltke ont vaincu les armées levées par Gambetta, comme les légions de César ont vaincu les armées improvisées de Vercingétorix.

Nos armées de province eurent le sort des armées de Paris, des armées de Metz et de Sedan ; quelques succès, d'héroïques résistances acquirent à notre pays l'estime du monde; l'Europe assista avec admiration à notre immense effort; mais, comme elle se borna à nous applaudir, la France fut réduite à poser les armes, la rage au cœur. Un traité désastreux nous enleva l'Alsace et la Lorraine, les plus chères de nos provinces.

Cette horrible mutilation ne devait pas être la dernière des tortures imposées à notre malheureux pays. En face de l'ennemi, les partis avaient fait trêve ; après la guerre contre l'étranger éclata la guerre civile avec toutes ses horreurs ; les soldats français qu'avaient épargnés les balles prussiennes durent de nouveau risquer leur vie dans des combats contre des Français.

Au début de l'insurrection, le gouvernement ne disposait que des 12 000 hommes que lui laissait l'armistice, encore ces troupes étaient-elles d'une fidélité douteuse; en réalité il n'y avait que la gendarmerie sur laquelle on pût compter. Il fallut demander à la Prusse l'autorisation de refaire une armée et subir les conditions du vainqueur; les prisonniers d'Allemagne furent lentement rapatriés ; on les recueillit à Versailles. Après les souffrances de la captivité (18 000 étaient morts sur le sol étranger), il leur fallait prendre d'assaut la capitale de leur patrie. Ce fut la gloire de M. Thiers d'organiser lui-même cette armée d'où dépendait le salut de la France; il releva les cœurs démoralisés et hésitants; nos troupes incertaines sentirent derrière elles l'opinion de la nation et trouvèrent la vue nette de leur devoir. Elles accomplirent leur œuvre de discipline et de sacrifice. On eut encore à déplorer la mort de quatre mille braves gens; à ce prix Paris fut rendu à la France, et ce fut le dernier acte de l'effroyable tragédie.

VI. — ARMÉE ACTUELLE

Aucun peuple ne s'est relevé plus vite de son abaissement que la France depuis la guerre. Écrasée par l'Allemagne, déshonorée un moment par la Commune, elle semblait à ses ennemis une nation tombée et finie. Elle les étonna bientôt par sa vitalité; sa forte constitution lui permit de guérir ses blessures, et sa sagesse lui rendit toute sa force. Elle s'avouait vaincue, mais elle comprenait les causes de sa défaite et connaissait ses ressources; elle n'accepta pas un instant sa déchéance, et, reprenant courage, elle se mit au travail et se prépara pour l'avenir. Les peuples vaincus ont coutume de diminuer leur armée pour se donner l'apparence de ne songer qu'à la paix : la France ne craignit pas de réorganiser la sienne et de se mettre en état de défense.

Nos institutions militaires d'aujourd'hui ont pour cause nos désastres de la dernière guerre et les changements survenus dans notre état politique. Nos désastres nous commandaient de doubler l'effectif de notre armée, d'en perfectionner l'armement et l'organisation; le triomphe de la république exigeait comme conséquence le service obligatoire, application des principes démocratiques sur lesquels elle est fondée. Le système de la conscription et du remplacement était doublement condamné comme insuffisant et comme injuste : tous les Français seraient soldats, toutes les classes viendraient se confondre dans l'armée nationale et apprendraient par la vie commune à se connaître et à s'estimer.

Pendant quinze mois une commission de l'Assemblée nationale élabora un vaste projet de réorganisation militaire; l'Assemblée le vota le 27 juillet 1872. Le titre premier de la loi en fixe les dispositions générales :

Article premier. — Tout Français doit le service militaire personnel.

Art. II. — Il n'y a dans les troupes françaises ni primes en argent, ni prix quelconque d'engagement.

Art. III. — Tout Français qui n'est pas déclaré impropre à tout service militaire peut être appelé, depuis l'âge de vingt ans jusqu'à celui de quarante ans, à faire partie de l'armée active et des réserves, selon le mode déterminé par la loi.

Art. IV. — Le remplacement est supprimé.

Art. V. — Les hommes présents au corps ne prennent part à aucun vote.

Art. VI. — Tout corps organisé en armes est soumis aux lois militaires, fait partie de l'armée et relève soit du ministre de la guerre, soit du ministre de la marine.

Art. VII. — Nul n'est admis dans les troupes françaises s'il n'est Français.

Le titre III de la loi fixa le service :

Tout Français qui n'est pas déclaré impropre à tout service militaire fait partie :

De l'armée active pendant cinq ans;

De la réserve de l'armée active pendant quatre ans;

De l'armée territoriale pendant cinq ans;

De la réserve de l'armée territoriale pendant six ans.

Appliqués à la lettre, ces principes auraient produit une armée trop nombreuse pour le temps de paix, plus de 1 200 000 hommes. Mais la réalité fut très éloignée de la théorie : l'*exemption* fut accordée non seulement aux jeunes gens impropres au service, mais aussi aux membres de l'instruction publique, professeurs et instituteurs, aux élèves de l'école normale supérieure, de l'école des chartes et de l'école des langues orientales, aux grands prix de Rome, aux membres et aux novices des associations religieuses, aux élèves ecclésiastiques désignés par les évêques. La *dispense* (c'est-à-dire l'exemption du service en temps de paix seulement) fut donnée aux aînés d'orphelins, aux fils de veuves (fils uniques ou fils aînés) et aux soutiens de famille. C'est ainsi que sur 280 000 jeunes gens atteignant chaque année l'âge du service, 120 000 environ furent exempts ou dispensés; la base même du recrutement devenait une fiction administrative.

Le contingent de 160 000 hommes que ce premier triage laissait à l'armée fut réparti lui-même en deux catégories très différentes : les hommes dits de la première portion furent astreints aux cinq années reglementaires (qui se réduisirent en fait à quatre années); ceux de la seconde, moins nombreux de moitié, furent renvoyés dans leurs foyers au bout d'un an. Ce système était une transaction entre le service à long terme, qui forme des soldats rompus au métier, et le service à courte durée, qui donne le nombre; il avait deux avantages : il assurait à la défense nationale un très solide noyau d'armée active, et il permettait d'encadrer de formidables réserves; mais il avait deux graves défauts; premièrement, il nécessitait une opération condamnée en principe, celle du tirage au sort, qui, faisant du perdant un soldat pour cinq ans, semblait transformer le devoir en corvée; secondement, les hommes de la deuxième portion, qui ne servaient qu'un an, manquaient de maturité professionnelle.

Une autre institution de 1872, le *volontariat*, avait l'inconvénient de violer les principes d'égalité posés dans les préliminaires de la loi. Ce privilège peu démocratique était accordé : 1° aux jeunes gens pourvus d'un diplôme de bachelier ou d'un brevet de capacité et aux élèves de plusieurs écoles (écoles des mines et des ponts et chaussées, écoles vétérinaires, d'arts et métiers, des beaux-arts, conservatoire, etc.); 2° à tous ceux qui satisfaisaient à un examen spécial sur l'agriculture, l'industrie ou le commerce. Ces jeunes gens, au nombre de sept à huit mille par an, étaient admis, avant le tirage au sort, à contracter un engagement d'un an; d'après le texte de la loi, le volontaire d'un an était « monté, équipé, habillé, entretenu à ses frais », mais il est plus exact de dire que l'État se chargeait de tous ces soins moyennant la somme de 1 500 francs, sensiblement supérieure à la dépense. En réalité l'institution du volontariat était une sorte d'exonération partielle; les *volontaires* ne servaient pas plus volontairement que les autres : ils achetaient seulement le privilège de servir moins longtemps; l'institution du volontariat était à la fois une exception pour les jeunes gens aisés ou riches, et une source de revenu pour l'État.

Outre ces volontaires d'un an et les hommes de la première et de la deuxième portion, l'armée active comprenait les volontaires véritables, qui faisaient du service militaire leur métier, généralement pour devenir officiers ou sous-officiers; on en comptait de quinze à vingt mille par an; le rengagement fut admis jusqu'à l'âge de trente-cinq ans pour les sous-officiers.

La loi de 1889 et celle de 1905 ont eu pour but de rendre l'armée plus démocratique. La loi de 1889 a aboli les exemptions accordées ou imposées au clergé et à l'enseignement; elle a mis fin à la division du contingent en deux portions, et du même coup au tirage au sort qui les déterminait; elle a supprimé le volontariat d'un an. Elle a maintenu, mais en le restreignant, le privilège de la dispense en faveur des étudiants pourvus de diplômes d'enseignement supérieur, des instituteurs, des ouvriers d'art, des ecclésiastiques, des fils de veuves et des soutiens de famille, c'est-à-dire qu'elle les a dispensés de deux années sur trois, mais les a obligés à en faire une, au lieu de les exempter de tout service en temps de paix.

La loi de 1905, plus radicale, a supprimé toutes ces dispenses, et établi le service de deux ans pour tous; elle a seulement admis que les élèves de certaines écoles (école centrale, école normale supérieure, etc.) feront leur deuxième année comme sous-lieutenants de réserve; elle a assuré de légers secours aux familles dont les soutiens sont sous les drapeaux; enfin elle a accordé certains avantages aux engagés et aux rengagés, sous-officiers et soldats, dont le concours est d'autant plus nécessaire que l'armée active ne comprend plus que deux classes, dont une de recrues.

L'armée active forme vingt corps, établis chacun dans une région territoriale, y compris l'Algérie. Chaque corps comprend 8 régiments d'infanterie[1], 1 bataillon de chasseurs, 2 régiments de cavalerie, 8 batteries d'artillerie montée, 1 bataillon du génie, 1 escadron de train. Chaque armée, composée de 3, 4 ou 5 corps, comprendrait en outre une division de cavalerie indépendante, avec de l'artillerie à cheval et de l'artillerie lourde. Les places fortes, telle que Belfort, Épinal, Toul, Verdun, Maubeuge, Lille, sont gardées par des troupes de forteresse, régiments d'infanterie et bataillons d'artillerie à pied; les Alpes sont gardées par les Alpins, fantassins et artilleurs.

Le nombre des régiments de ligne est aujourd'hui de 163. Les troupes d'infanterie d'Algérie et de Tunisie comptent 4 régiments de zouaves, 4 de tirailleurs algériens, 2 régiments étrangers, et 5 bataillons d'infanterie légère. La cavalerie compte 89 régiments, dont 13 de cuirassiers, 31 de dragons, 21 de chasseurs, 14 de hussards, 6 de chasseurs d'Afrique, 4 de spahis. L'artillerie se compose de 40 régiments (batteries montées et batteries à cheval) et de 18 bataillons d'artillerie à pied. Le génie comprend 7 régiments, et le train 20 escadrons.

L'armée de 1870 n'avait pas eu de réserve exercée. Les lois de 1872, de 1889 et de 1905 lui en ont assuré de formidables. Les hommes sortis de l'armée active passent dans la *réserve* : de 1872 à 1889 ils n'y demeuraient que quatre années, et étaient tous, en temps de guerre, incorporés dans l'armée active, qui passait ainsi du pied de paix au pied de guerre, c'est-à-dire que la compagnie était portée de moins de 100 hommes à 250, le bataillon à 1 000 hommes, la batterie montée à 150 hommes. A partir de 1889, le service dans l'armée active étant réduit à trois ans, et le service dans la réserve ayant été porté à sept années, les réservistes sont devenus tellement nombreux qu'il a fallu, pour les encadrer tous, créer 145 régiments mixtes, dont les offi-

1. Excepté le 6e et le 19e corps, qui comptent trois divisions, au lieu de deux.

ciers sont pour un tiers environ des officiers de l'armée active, et les deux autres tiers des officiers de réserve. Ces régiments, qui ne sont représentés en temps de paix que par les quatrièmes bataillons des régiments actifs, formeront en temps de guerre d'autres corps d'armée.

Les hommes qui sortent de la réserve passent dans l'armée territoriale et y restent quinze années. Les trois classes les plus jeunes de cette armée doivent être, suivant une loi de 1892, incorporées en temps de guerre dans les régiments mixtes; les trois classes suivantes forment l'armée territoriale proprement dite. Les neuf classes les plus âgées que forment les réserves de l'armée territoriale, doivent être rappelées par classe, pendant la durée de la guerre, suivant les besoins. Les officiers de l'armée territoriale, qui sont tous appelés en cas de mobilisation, quel que soit leur âge, sont recrutés parmi les officiers en retraite (tenus d'en faire partie pendant cinq ans), parmi les officiers démissionnaires et les anciens officiers de réserve. L'armée territoriale, sans avoir toute la valeur de l'armée active, est très supérieure à l'ancienne garde mobile et à l'ancienne garde nationale. Les hommes font seulement une période de treize jours en quinze ans, mais les officiers sont rappelés tous les deux ou trois ans pour commander les territoriaux convoqués, et pour s'instruire eux-mêmes auprès des officiers de l'armée active.

La France, qui est à la fois une puissance continentale et une puissance coloniale, a besoin d'une armée européenne comme l'Allemagne et d'une armée coloniale comme l'Angleterre. Longtemps nous n'avons possédé que quelques régiments d'infanterie de marine, troupes excellentes, bonnes pour les petites expéditions comme celles du Dahomey, du Soudan, du Congo, mais insuffisantes pour les grandes, comme celles du Tonkin et de Madagascar, même avec le précieux concours des troupes tirées d'Algérie; aussi avons-nous dû recourir aux troupes de France, que le climat a cruellement ravagées. Mais la leçon nous a profité : notre armée coloniale compte aujourd'hui 8 régiments français aux colonies, 5 régiments tonkinois, 2 régiments annamites, 4 régiments sénégalais, 2 régiments malgaches, 1 régiment indigène au Congo et au Tchad, 1 bataillon chinois, 1 bataillon cambodgien, 1 bataillon de tirailleurs du Zinder. Nous avons en outre 16 autres régiments d'infanterie coloniale qui tiennent garnison dans les ports militaires, prêts à partir, suivant les cas, pour les colonies ou pour la frontière, où ils formeraient deux corps d'armée de plus. L'artillerie coloniale compte 3 régiments, qui tiennent garnison dans les ports militaires, avec des détachements aux colonies.

La guerre ne prendrait donc plus notre pays au dépourvu; l'armée active, grossie de ses réserves, dépasserait deux millions d'hommes, sans compter l'armée coloniale; l'armée territoriale, avec sa réserve, pourrait s'élever à un chiffre à peu près égal. Les Allemands, qui ont une population beaucoup plus nombreuse que nous, ont encore plus d'hommes, mais la guerre n'est pas seulement une question de nombre.

Notre armement vaut le leur, s'il ne lui est pas même un peu supérieur. Il a été renouvelé deux fois dans l'infanterie, et trois fois dans l'artillerie. Notre fusil de 1870, le fusil Chassepot, qui avait le défaut de s'encrasser, a été d'abord remplacé par le fusil Gras, qui ne tirait encore qu'un coup, puis par le fusil Lebel, fusil à répétition, comme le revolver. Les canons de 1870, qui étaient tout à fait inférieurs à ceux des Allemands, tant par la portée que par la rapidité du tir, ont fait place d'abord aux pièces de bronze de 5 et de 7 (kilos) à culasse mobile du système de Reffye, puis, en 1875, aux batteries de 95 (millimètres) du système Lahitolle, en 1877 aux excellentes pièces d'acier de 80, de 90, de 120 et de 155 du système de Bange, enfin, à partir de 1894 aux pièces d'acier de 75 à tir rapide, sans recul, et à bouclier protecteur (elles peuvent tirer 25 coups à la minute).

Nous avons enfin tout ce qui nous manquait en 1870, de bonnes cartes, des télémètres, des lunettes, des appareils de pointage, des télégraphes, des téléphones, des forts bien armés, des tourelles cuirassées, des ballons captifs, des ballons dirigeables. Chaque région de corps d'armée possède des magasins généraux d'approvisionnement, et le matériel roulant est emmagasiné sur roues, prêt à partir. La mobilisation est réglée à l'avance : chacun sait quel jour il doit rejoindre, et où il doit se rendre ; tout est prêt pour l'habillement et l'équipement des réserves, le recrutement des chevaux, l'embarquement en chemin de fer, etc. Les grandes manœuvres habituent les hommes au service en campagne et fournissent aux chefs l'occasion de diriger de grandes masses de troupes. L'école de guerre prépare un bon commandement. On a travaillé beaucoup dans l'armée depuis 1870.

La France ne désire pas la guerre, mais elle est prête à la faire, s'il le faut. Son armée nouvelle a déjà fait ses preuves dans les expéditions coloniales, au Soudan, au Dahomey, à Madagascar, au Tonkin, en Chine. Dévouée à la patrie, étrangère aux luttes politiques, fortifiée par la discipline et par le dur travail, elle peut soutenir le regard des autres nations.

FIN

TABLE DES MATIÈRES

	Pages
AVANT-PROPOS	V
Époque gauloise	7
Époque gallo-romaine	14
Époque mérovingienne	24
Époque carolingienne	32
Époque féodale (X^e, XIe, XIIe siècles)	37
I. — Armées seigneuriales	39
II. — Armées royales	47
Époque de saint Louis	51
Époque de Philippe le Bel	58
Époque de la guerre de Cent Ans	64
Époque de Charles VII et de Louis XI	83
Époque des guerres d'Italie	95
XVIe siècle I. — Guerres d'équilibre européen	102
II. — Guerres de religion	112
XVIIe siècle I. — Henri IV. Richelieu. Mazarin	119
II. — Louvois	125
XVIIIe siècle I. — L'ancien régime	159
II. — La Révolution	172
XIXe siècle I. — Le premier Empire	186
II. — La Restauration	196
III. — La monarchie de Juillet	198
IV. — Le second Empire	199
V. — Guerre de 1870	201
VI. — Armée actuelle	212

FIN DE LA TABLE DES MATIÈRES

2123-08. — Corbeil. Imprimerie Ed. Crété

www.ingramcontent.com/pod-product-compliance
Lightning Source LLC
Chambersburg PA
CBHW051918160426
43198CB00012B/1949